한국경호사강의

이민형 · 이강문 · 송상욱 · 김진환

도서출판
진영사

한국경호사강의

이민형 · 이강문 · 송상욱 · 김진환

2008년 10월 15일 초판인쇄
2008년 10월 20일 초판1쇄발행
2020년 03월 10일 초판2쇄 발행

발행인 ‖ 박진영
발행처 ‖ 도서출판 진영사
[서울사무소] 서울특별시 마포구 도화동 538번지 성지빌딩 802호
Tel. 02-704-4207
Fax. 02-701-1349
[본사] 인천광역시 부평구 갈산동 16-22호(Tel. 032-505-4207)
e-mail.. ui6833@hanmail.net

ISBN 978-89-93076-39-4 92320

저자와 합의로 인지 생략

책값은 뒤표지에 있습니다.

머리말

모든 학문에 있어서 역사 교육은 그 학문의 기반이라 생각하며, 경호에 대한 역사적 이해를 도모한다는 것은 경호의 학문적 정립에 있어서 필수라 할 수 있다.

각 대학의 경호 관련 학과에서도 이러한 학문적 기반을 구축하기 위해서 학부 학생들에게 경호사 강의를 개설하고 있으며, 이 수업을 효과적으로 진행하기 위해서는 학생과 교수의 연결고리라 할 수 있는 교재 개발이 선행되어야 한다고 생각한다.

우리나라에 있어서 '경호'라는 용어는 해방이 되고 난 후 각 매체나 서적에 등장하였지만 고대 삼국시대 이후로 지금 사용되고 있는 이 '경호'라는 용어에 대한 문헌자료는 없다. 하지만 경호의 작용적 측면에서 국가 주요 인물에 대한 호위 또는 신변 보호적 의미에서 볼 때 사서(史書)에는 호위(護衛), 시위(侍衛), 숙위(宿衛), 친위(親衛)라는 용어가 등장하고 있으며, 이러한 작용들은 지금의 경호라 볼 수 있다.

갑오경장 이전 경호 활동은 군사적 활동으로써 공경호에 치중하여 왔지만, 고려시대 도방(都房)이나 사병(私兵) 조직은 민간경호로서의 의의가 있다고 할 수 있다.

이렇듯 우리나라 경호에 있어서 비록 군사제도의 한 부분으로 인식되어 왔지만, 경호학적 접근을 통하여 지금의 공경호와 민간경호에 있어서 역사적 기반을 갖추고 있다는 것을 조명해보고, 경호학을 전공하는 학생과 연구자들에게 있어서도 경호학에 대한 역사적 원류를 제시한다는 것은 뜻 깊은 일이라 생각한다.

본 교재는 경호에 대한 역사적 이해를 도모함과 동시에 전공자들에게 보다 더 가까이 경호사에 접근하도록 하기 위해 강의서로서 집필하였으며, 비록 미비한 점이 많아 아쉬움이 남지만 앞으로 더욱 정진하여 독자들의 기대에 부응하도록 노력할 것을 다짐한다.

본교재의 세부구성을 살펴보면 I, II장은 한국경호사의 이해를 돕기 위한 내용이며, III장은 본서의 첫 단계인 고대국가이전의 경호를 다루었고, IV장 에서는 삼국시대의 군사제도와 경호부분을 국가별로 비교분석하여 제시하였다. V, VI, VII장은 고려시대의 경호를 고려전기와 고려무신 정권기 고려후기로 나누어 시대별 특성과 경호제도를 상세하게 다루었고, VIII, IX, X장에서는 조선시대의 경호제도를 조선전기와 후기 그리고 구한말 경호조직으로 구분을 하고 경호학 전공학생들의 이해를 돕기 위한 조선역대 왕조별 경호조직 변천과정을 요약 정리해 놓았다. XI장은 제1공화국부터 문민정부까지 대통령 경호변천에 관하여 소개하였고, 이 책의 마지막 단계인 XII장에서는 민간경호의 사회적 배경부터 민간경호의 발전방향 부분을 다루고 있다. 그리고 부록에서는 한국 공경비(경찰) 제도 약사 ,대통령 경호 약사, 현행 경호 관련 법제, 경호 관련 사례, 북한의 경호 조직 등을 첨부해놓았다.

본서를 집필함에 있어서 경호학 전공학생들에게 많은 사료와 관련된 이론적 배경을 소개하고 싶었으나 그러한 기대에 많은 부분이 미치지 못하였다고 생각된다. 그러나 본 교재는 경호에 대한 역사적 이해를 도모함과 동시에 전공자들에게 보다 더 가까이 경호사에 접근하도록 하기 위해 강의서로서 집필하였으므로 대학에서 경호 부분을 처음 접하는 학생들에게 강의교재로는 무난할 것으로 생각되며, 비록 미비한 점이 많아 아쉬움이 남지만 앞으로 더욱 정진하여 독자들의 기대에 부응하도록 노력할 것을 다짐한다.

끝으로 이 책의 출판을 허락해 주시고 성원을 보내주신 진영사 박진영 사장님과 관계 임직원에게 깊은 감사를 드리는 바이다.

2008년 9월

부아산 기슭 연구실에서

저자 일동

차 례

한국경호사강의

I. 경호의 의의

1. 협의(狹義)적 개념과 광의(廣義)적 개념

경호란 경호대상자에 대한 생명, 신체, 재산을 보호하기 위한 제반 활동이라 할 수 있다. 즉 직·간접적인 위험의 발생을 사전 예방 및 사후 제거하는 안전 활동이다. 이러한 안전 활동에는 신변보호를 위한 근접 호위활동이 포함된다. 즉 경호란 경호대상자를 중심으로 한 경호 주체의 안전 확보 활동이며, 시간적 개념으로 위험발생을 기점으로 한 사전 예방활동과 사후 제거 활동, 거리적 개념으로 근접호위 활동과 지역적 경비 활동을 모두 포함하는 개념이다.

이에 따라 좁은 의미로서의 경호란 특정인에 대한 신변보호를 말한다. 여기에서의 신변보호란 개인의 생명과 신체에 대한 근접 호위활동이라 할 수 있으며, 거리적 측면에서 경호대상자의 지근(至近)거리 내에서의 보호활동을 의미한다. 일반적인 인식으로 경호란 좁은 의미로서의 근접 호위활동으로 이해되고 있으며, 일정한 대형을 형성·유지하여 공격자로부터 경호대상자를 보호하는 활동을 말한다.

그러나 넓은 의미로서의 경호는 이러한 근접 호위활동에 일정한 지역을 경계·순찰·방비하는 경비적 개념이 추가된다. 경호대상자를 보호함에 있어 지근거리 내에서만이 아닌 경호대상자의 행동반경에 따른 물리적 보호를 보다 넓은 범위에서 이루어지는 것으로서 건물이나 차량 이동 등 공격에 대한 예방으로서의 모든 활동을 일컫는다 할 수 있다.

그리고 경호대상자의 신체뿐만 아니라 재산도 그 보호 대상에 포함되며, 현대의 재산이란 유·무형을 불문한 그 가치로 평가되며, 재산적 보호란 물리적 보호뿐만 아닌 경제적 손실에 대한 예방도 포함되므로 일정한 거리적 개념으로서의 경호뿐만 아니라 경제적 가치 개념으로서의 경호에 대한 이해도 필요하다고 본다.

이러한 경제적 가치에 대한 경호를 이해함에 있어 경호 대상에 있어서도 단순히 자연인만이 아닌 법인(法人) 즉 경제적 활동의 주체로서 예를 들어 상법상의 회사 등도 경호의 객체가 되므로 현대적 의미의 경호란 자연인에 대한 생명, 신체 그리고 재산 보호뿐만 아니라 기업의 가치에 손상을 줄 수 있는 유·무형적 손실예방도 그 범주에 포함된다고 할 수 있다.

2. 실질적 의미의 경호와 형식적 의미의 경호

실질적 의미의 경호란 학문적 개념으로서 경호의 이론적 정립에 따른 것이다.

이에 따르면 경호란 "정부요인이나 국내에 체재중인 외국요인 등의 신변에 위해가 미치는 것이 국가 치안에 염려가 있는 자, 즉 경호대상자에 대해서 정치적 배경의 돌발적인 폭력·불법행위·교통사고 등 인위적인 위해, 화재·건조물손괴·산사태 등의 자연발생적인 위해 등으로부터 그 신변을 지키고 안전을 확보하기 위한 작용이며, 그러한 절대적 신변 안전을 위하여 모든 사용 가능한 수단과 방법을 동원하여 위해요인을 사전에 방지 및 제거하기 위한 제반작용"이라 할 수 있다(김두현, 2006).

그러나 형식적 의미의 경호란 이러한 이론적 접근이 아닌 현실적 경호기관을 기준으로 정립된 것으로서 실정법상의 경호작용을 말한다.

그 대표적인 것이 『대통령등의 경호에 관한 법률』상의 경호개념이며, 이 법에서 입법적 해석을 내리고 있다.

대통령등의 경호에 관한 법률 제2조에 따르면 경호라 함은 "경호대상자의 생명과 재산을 보호하기 위하여 신체에 가하여지는 위해를 방지 또는 제거하고, 특정한 지역을 경계·순찰 및 방비하는 등의 모든 안전 활동"이라 하였다. 여기에서는 경호를 호위적 개념과 경비적 개념으로 나누어 파악할 수 있다. 그 외에 『경찰관직무집행법』, 『전직대통령예우에관한법률』에서도 경호가 언급되어 있다.

또한 외국 경호기관의 경호 개념을 보면, 미국 비밀경호국에서의 경호란 "실제적이고 주도면밀한 범행의 성공기회를 최소화하는 것"이라 하며, 일본 요인경호부대의 경호란 "신변에 위해가 있을 경우 국가 공공 안녕질서에 영향을 줄 우려가 있는 자에 대하여 그 신변의 안전을 확보하기 위한 경찰활동"이라 하였다.

3. 공경호와 민간경호

공경호와 민간경호의 구별은 그 주체에 따른 분류이다. 공경호와 민간경호는 위험발생의 예방과 제거라는 공적 목적을 추구하지만, 공경호는 그 주체가 국가 기관이며, 민간경호의 주체는 일반 사인(私人)이다. 우리나라의 경우 현재 공경호는 대통령경호실과 경찰, 그리고 군이 대표적이며, 민간경호는 『경비업법』상 국가로부터 허가를 받은 법인이 그 주체이다.

공경호란 그들의 관할구역 내에서 법집행에 관한 모든 권한을 가지고 요인경호, 교통통제, 공공의 질서유지, 개인의 생명 및 재산보호, 범인의 체포 및 수사, 범죄예방과 같은 공공의 이익을 위하여 또는 공공의 안전과 보호의 일반적인 업무를 일반국민들을 위하여 행하는 제반 활동을 말한다. 그리고 협의의 공경호 주체인 경찰은 국가 공권력의 작용으로서 전체 국민을 대상으로 하며 법적 권한을 가지고 공공의 이익을 위해서 국가 치안 활동을 담당한다.

이에 반해 민간경호란 여러 가지 위해로부터 개인의 이익이나 생명 및 재산을 보호하기 위하여 특정한 의뢰자에게 경호 및 안전에 관련된 서비스를 이들로부터 받은 보수만큼 행하는 개인 및 단체 그리고 영리기업을 말한다.

민간경호는 경비업법상 그 주체가 허가를 받은 법인이며, 민간경호원은 그 법인에 채용된 일반 사인(私人) 신분이다. 따라서 공경호와 달리 법적 권한 및 업무 영역에 있어서 한계가 있으며, 그 활동에 있어서도 사전 예방활동에 국한된다.

또한 민간경호에 있어서 그 대상자는 일정 수준의 보수를 지급한 특정인이며, 대통령을 위시한 국가 요인 경호와 전 국민을 대상으로 한 사회 질서 유지 기능을 담당하는 공경호와는 차이가 있다.

그에 따라 공경호의 활동은 공권력 작용으로서 그 권한이 헌법 및 법률에 근거를 두고 있으나, 민간경호에 있어서는 특정인에 대한 민법상 계약관계의 서비스 작용으로서 수익자부담원칙에 근거한 활동이라 할 수 있다.

이에 따라 공경호, 즉 경찰은 범죄예방, 범죄자 체포 및 수사, 개인의 생명 및 재산보호, 공공의 질서유지, 교통통제 등의 임무가 주로 공공의 이익을 위해 행하는 것인데 반해, 민간경호는 특정한 의뢰자를 위해 행하는 것이 크게 다른 점이다.

공권력작용면에 있어서 경찰 또는 대통령경호실의 경우는 이러한 모든 업무를 수행하기 위하여 각종 강제권을 포함한 권한이 주어져 있는데 반하여, 민간경호원은 이와 같은 권한은 극히 한정되어 있거나 각종 제약을 받고 있는 실정이다.

따라서 공경호와 민간경호는 범죄 예방과 질서유지의 공적 목적을 달성한다는 공통점이 있지만 공경호는 국가 공권력으로서의 법집행을 담당하는 국가행위인데 반하여 민간경호는 사적 자치 영역에서의 사인과 사인과의 계약관계가 그 근간을 이루므로 그 업무수행에 있어서도 의뢰자의 생명, 신체의 위해와 재산 손실의 예방적 측면에서의 기능적 역할만을 담당하게 된다. 또한 경찰과 같이 범죄 발생 이후의 범죄 대응적 측면의 대처행위를 할 수 없으며 법적 지위가 일반 사인과 같으므로 정당방위, 현행범체포,

자구행위 등의 형법상 위법성조각사유에 해당될 때에만 면책될 뿐이다. 또한 의뢰자 보호행위로 인한 타인에 대한 손해발생은 민사상 불법행위에 해당됨은 물론이다.

요컨대, 민간경호는 그 주체가 허가를 받은 법인이며, 민간경호원은 그 법인에 채용된 일반 사인(私人) 신분이다. 따라서 공경호와 달리 법적 권한 및 업무 영역에 있어서 한계가 있으며, 그 활동에 있어서도 사전 예방활동에 국한된다.

또한 민간경호에 있어서 경호대상자는 일정 수준의 보수를 지급한 특정인이며, 대통령을 위시한 국가 요인 경호와 전 국민을 대상으로 한 사회 질서 유지 기능을 담당하는 공경호와는 차이가 있다.

그에 따라 공경호의 활동은 공권력 작용으로서 그 권한이 헌법 및 법률에 근거를 두고 있으나, 민간경호에 있어서는 특정인에 대한 민법상 계약관계의 서비스 작용으로서 수익자부담원칙에 근거한 활동이라 할 수 있다.

그러므로 현대적 의미의 민간경호는 사적 자치의 계약에 따른 특정인의 보수에 대한 반대급부로서의 경호서비스를 그 특정인만을 위해 제공하는 것이라 할 수 있다.

4. 경호의 특성과 중요성

경호는 무엇보다도 사전 예방적 보호활동이다. 경호는 그 필요에 의한 실질적 보호가 전제되어야 그 활동의 의의가 있으며, 사후 위험 발생에 따른 손실에 대한 치유만으로는 경호로서 그 의

미가 없다고 본다.

그러므로 경호에 있어서 가장 중요한 것은 사전에 치밀하게 계획하고 준비하여 미리 경호대상자에 대한 위험요소를 제거하는 것이다. 이를 위해서는 경호대상자의 행동반경에 따라 미리 제반 취약요소를 파악하고 그에 따른 안전조치를 강구하는 선발경호활동이 필수적이라 할 수 있다.

특히 경호대상자가 국가 정치·경제적 중요 인물로서 위해 시 중대한 국정 운영 결함이 발생할 경우 사전 위험제거에 따른 경호 활동은 그 중요성을 아무리 강조해도 지나치지 않다고 본다.

그리고 이러한 사전 예방활동과 더불어 위해발생시 즉각적인 위험제거 활동 또한 중요하다. 이에 따라 경호의 특성으로 근접 호위활동이 이루어진다.

노출되지 않은 공격자를 완전히 예견한다는 것은 불가능하며, 위해기도 포착 시 즉각적인 조치가 이루어져야 한다.

이러한 근접경호는 경호대상자를 에워싸는 일련의 방호선으로 이루어지며 그것은 공격자의 공격을 막아내거나 공격의 결과로 위험을 초래하지 않게끔 공격을 흡수하기 위한 것이다(이상철, 2006).

이러한 즉각 조치도 사전 충분한 계획과 훈련의 결과이며, 그에 따른 경호원의 정신자세도 그만큼 중요하다.

경호는 공격적 성향보다는 방어에 중점을 둔 작용이며, 경호의 최우선 목표는 공격자의 제압이 아닌 경호대상자의 안전이다. 그에 따라 가용한 모든 공격적 수단에 노출된 경우 경호원은 자신의 안위와 공격자 제압보다는 경호대상자를 방호하고 위험으로부터 빨리 벗어나도록 하는데 우선순위를 두어야 한다.

이러한 경호의 특성에 따라 안전이란 사후 위험을 제거하는 것이 아닌 사전 예방에 대한 총체적인 위험방지 활동을 말하며, 이러한 일련의 활동이 결여될 경우 위험에 따른 그 결과를 단순히 치유하여 구제한다고 하여 이미 발생한 손실에 대한 보상이 이루어졌다고 할 수 없을 것이다. 특히 그것이 생명·신체에 관한 것이라면 사전 예방은 더욱 중요하다.

따라서 경호란 이러한 생명·신체에 대한 위해를 사전 제거함을 그 목적으로 하며, 그것을 위한 수단으로 선발경호와 근접호위활동이 이루지고, 그에 따른 효과를 극대화하기 위해 그 목적을 경호대상자의 방어에 중점을 둔 작용으로서, 현대 위험사회의 부정적 인식에 따른 불안감이 팽배한 이 시기 경호의 중요성은 더욱 높아지고 있다 해도 과언이 아니다.

II. 경호에 대한 역사적 연구의 의의

1. 역사(歷史)의 의의

역사의 어원으로 영어 "history"는 희랍어인 "historia"에서 유래한다. 이 용어는 헤로도투스가 그의 저서 "페르시아 전쟁사"에서 표제로 사용한 것으로, 그 의미는 탐구한 내용과 지식 그리고 그에 따른 결과를 기록으로 남긴다는 것으로, 관찰과 탐구의 결과에 관한 기록이라 볼 수 있다.

이러한 역사의 어원으로서 중국에서는 "史"에서 찾을 수 있다.

이 용어는 사관(史官)이라는 관직명에서 유래하며, 여기에서의 "史"란 중국 고대의 제후가 거행하는 제례에서 신하들과 함께하는 사술대회(射術大會) 때 궁사(弓射)의 적중수를 표기하는 대나무 개비를 넣는 그릇을 나타내며, 이것은 곧 궁사의 적중수를 공평하고 정확하게 기록한다는 것으로 이해할 수 있다.

이러한 어원적 해석에 따르면 역사란 "사실"을 탐구하고 그 결과를 객관적으로 기술하는 것을 말한다.

따라서 역사란 인간이 거쳐 온 모습이나 인간의 행위로 일어난 사실 그리고 그 사실에 대한 기록이라 할 수 있다.

역사에 있어 "사실"은 무엇보다 중요하다. 객관성을 담보하지 않은 역사는 한낱 개인의 주관적 수필에 불과하다고 본다. 그러나 역사는 객관화된 문자의 나열일 수도 있지만 그것을 보는 현대인의 관점은 주관적일 수도 있다.

역사는 필요에 의한 인간 창조물일 수도 있으며, 그것은 각 나라와 민족의 흥망과 더불어 순기능과 역기능을 가져왔을 수도 있다. 그것은 받아들이는 그 시대 사람들의 주관이지만, 또한 후세 사람들에게는 객관적으로 기술된 "사실"이기에 역사란 그 평가에 있어서는 동시대의 사람들 몫은 아닌 듯하다.

역사는 시간의 흐름이며, 이미 "존재"이다. 현재 사람들이 그러기를 바란다고 해서 되는 것이 아니다. 이미 지나간 것이며 그것에서 의미를 찾는다고 하면, 단순히 그 사실을 받아들이는 것뿐일 것이다.

그러나 문제는 단순한 사실의 기술로서 역사 그 자체의 존재적 가치가 있는가이다.

인류의 시간적 흐름에 따른 국가별, 민족별 사실의 기술로 현대에 있어서 그 가치를 찾는다면, 그 판단에 있어서도 인간을 초월한 자연과학적 객관성에 근거하여 바라봐야 할 것이다.

따라서 역사에 대한 시각은 과거 사실 그 자체뿐만 아니라 그것을 재구성하는 것도 포함된다고 할 것이다. "사실"을 기술한 것도 그 당시의 사람이기에 주관이 관여되지 않은 순수한 "사실"만을 우리가 가려낼 수 있을까?

즉 역사란 객관적 사실에 의미를 부여한다는 것이다. 그러나 과거 사실의 객관성을 훼손하지 않는 범위에서 이루어져야 한다.

이를 통해 후세 사람들은 현재를 바라보게 되고 미래를 예견하게 된다. 역사는 이미 존재이지만 그것을 받아들인 현재와 미래는 "당위"이며, 부정적 역사의 되풀이를 방지할 책임이 이미 역사에 내포되어 있다고 할 수 있다.

이러한 역사적 사실의 기술과 탐구, 그리고 그 결과에 대한 의미 부여와 과거·현재·미래의 연결고리를 찾는 학문적 해석이 곧 역사이며, 끊임없는 사실의 흐름과 반복 그리고 후세의 해석이 시간이라는 톱니바퀴와 맞물려 계속해서 우리 인류의 정신에 살아남아 현대 사회에 대한 통찰력과 미래에 대한 방향을 제시해 준다고 할 것이다.

2. 역사 연구의 방법

역사는 과거에 있어서의 인간의 행위를 대상으로 하며, 그 대상은 직접 우리들이 지각(知覺)할 수 없는 것이기에 그러한 인간의 행위를 인식할 수 있는 매개체가 필요하며, 그것이 바로 사료(史料)로서 나타난다. 즉 과거에 일어났던 일체의 모든 것들이 역사로 파악되지 않으며, 역사연구의 대상 또한 될 수 없다.

사료는 문헌사료뿐만 아니라 인간에 의해 만들어지고 남은 모든 것이 포함되지만, 그 객관성이 담보되어 있어야 한다.

이러한 사료에 의한 사실을 인식·판단해야 하기 위해서 사료수집·정리·해석 등의 역사 연구법이 학문적으로 체계화되었으며, 역사학의 객관성을 담보하기 위한 실증적 학문으로서의 역사 연구가 이루어져 왔다.

일단 객관적 체계를 갖추기 위해서는 먼저 사료 그 자체에 대한 진위(眞僞) 및 수정(修整) 여부 등 사료의 가치에 대해 학문적 실증을 거쳐야 한다.

또한 사료로서 전하는 것이 반드시 역사적 진실이라고는 할 수 없으며, 이러한 사료 진술의 신뢰성에 관하여 탐구하고, 사료의 성격을 밝혀야 한다. 즉, 사료의 기술(記述)을 분석하고 신뢰할 수 있는 이유의 유무를 조사해야 한다.

그리고 사료는 인간생활의 모든 측면에 걸친 다양한 것이기 때문에 이해와 해석을 위해서는 다른 제반 과학의 힘을 빌리지 않으면 안 되며, 인간생활을 종합적으로 파악하기 위해서는 인간생활의 모든 분야에 관한 전문지식이 요구되기 때문에 철학·문학·정치학·사회학·경제학·법학 등의 보조 학문이 필요하게 된다. 또한 사료를 정리하고자 할 때 요구되는 실제적인 기술적 지식으로서 언어학·계보학(系譜學)·고고학·지리학 등을 필요로 한다.

따라서 역사 연구란 이러한 사료에 대한 객관성 확보와 해석을 본질로 한다고 볼 수 있으며, 이를 위해 인간에 관한 모든 학문과의 연계를 통한 종합적 학문으로서, 인접 학문의 연구에 있어서도 역사적 연구 방법이 도움이 될 수 있다고 본다.

3. 경호사(警護史) 연구의 의의

경호란 개인의 생명·신체·재산을 보호하는 안전 활동이다. 여기에서 안전은 위험이 없는 상태를 말하며, 위험이란 인위적·

자연적 위해를 모두 포함한 것으로서 인간에 대한 유·무형적 고통을 야기하는 것이다.

단순한 두려움에서 살인에 이르기까지 인간에 대한 위해는 인류의 시작과 더불어 현재에 이르기까지 계속해서 존재해 왔다는 것은 굳이 "역사"의 범주에서 살펴보지 않아도 될 것이다.

이러한 위험의 발생에 따라 인류는 그것을 미리 감지하고, 제거하기 위한 여러 가지 노력을 해왔으며, 가장 대표적인 것이 불의 발견과 도구의 발명일 것이다.

또한 인간(人間)이라는 용어 그 자체에서 볼 수 있듯이 인간은 조직적 동물로서 집단에 의한 생존이 필수적인 것을 봤을 때, 그 집단의 안위를 위한 전쟁과 그 전쟁의 구심점을 차지하는 지배계급의 탄생은 경호 작용의 기원이 곧 인류 역사의 시작과 맞물린다는 것을 말해준다.

국가를 중심으로 한 시대적 변화에 따라 경호작용은 그 본질에 있어서는 변화가 없지만, 그것을 영위하는 조직과 체계는 변화해 왔다.

각 시대적 배경에 따라 조직 변천의 원인을 탐구하고, 그에 따른 경호 작용의 여러 시대별 차이를 정리·해석함으로써 현재의 경호제도와 비교할 수 있으며, 이를 통해 과거 경호의 운용 실태는 현대 경호의 발전과 동떨어진 것이 아닌 바로 현재의 모습을 반영하고 있다는 것을 알 수 있게 된다.

앞서 살펴본 바대로 역사는 객관적 사료를 매개로 한 과거 사실의 기술이며, 그에 대한 해석이다. 즉 단순히 "사실"만을 받아들이는 것이 아니라 그것을 통해 현재를 제대로 보기 위함이다.

현대인의 위험에 대한 불안감은 이미 과거에도 존재 했을 것이며, 그러한 사실이 있는지 확인하고, 그에 따른 과거 사람들의 극복 방안이 무엇인지 살펴보고, 그것을 다시 현재에 대비해 봄으로써 현재의 부정적 요소를 제거하고 미래에 방향을 제시할 수 있는 대책 및 제도가 정착될 수 있도록 연구하고 또 연구하여야 할 것이다.

경호는 실천 학문이다. 왜 경호가 존재하는가에 대한 인식론적 접근과 더불어 현재의 문제에 대한 해결책 또한 절실하며, 그에 대한 방향을 설정해 주는 근거가 되는 것이 바로 역사이다.

경호제도와 조직의 변천에 대한 객관적 사실 인식과 더불어 그 시대적 배경과 연계하여, 각 시대별 배경에 따른 경호의 다양한 모습을 봄으로써, 그 시대에 맞는 경호작용이 어떻게 이루어졌는지에 대해 고찰하여 현대적 의미의 경호를 정립하고 앞으로 경호의 나아갈 방향이 무엇인지 조망해 보는 것이 필요하다고 본다.

III. 고대국가 이전의 경호

1. 선사시대

경호가 언제부터 시작되었는지의 논의에 앞서 경호의 특성에 따른 고찰이 필요하다고 본다. 경호란 그 보호 대상자가 있어야 하며 그 경호대상자는 보호받을 만한 가치 또는 지위를 보유하고 있어야 한다.

인간이란 위험에 대한 보호 본능이 작용하며, 개인의 모든 안전 활동을 크게 경호의 범주에 속한다고 본다면 경호란 인류의 시작과 같이 하게 된다. 따라서 원시사회에서의 인간의 활동에 있어서 불의 발견과 도구의 사용은 자기 보호의 증거라 할 수 있다.

하지만 단순히 자기 또는 집단의 생명과 신체를 보호한다는 의미에서의 경호는 현대에도 마찬가지이므로 그 역사적 고찰의 필요성은 없을 것이다.

따라서 고대 국가의 면모를 갖추기 이전 역사적으로 경호 환경이 도출되는 시점부터 살펴봐야 하며, 그 시작을 신석기 시대의 농경의 시작으로 본다.

신석기 시대의 가장 큰 특징은 토기가 발견되었다는 것이며, 그것은 농경생활에 따른 잉여생산물이 존재하였다는 것을 나타낸다. 채집경제에서 생산경제로의 전환은 정착생활과 더불어 경제생활면에서 커다란 발전을 가져왔으며, 장기간의 저장된 생산물은 사유재산으로서의 인식이 생성되었다는 것을 의미한다.

이러한 변화에 따라 신석기인들은 구석기인들과는 달리 부와 권력의 독점에 따른 계급분화가 일어나게 되었고, 청동기 시대로 넘어오면서 그 양상은 가속화 되었다.

청동기의 대표적인 것이 바로 청동검과 활촉과 같은 무기이다. 이러한 청동 무기들은 전쟁에 의한 정복을 활발히 행하였다는 것을 말해 주며, 청동무기를 소유한 소수의 지배집단에 의한 정복전쟁으로 영토가 확대되고 인구가 늘어나면서 초기 국가의 모습을 갖추게 되었고 그러한 국가를 다스리기 위해 사회계급과 정치조직이 발생하였음은 당연하다.

청동기 시대의 지배계급이 존재하였다는 것을 말해주는 것이 바로 고인돌이다. 그 고인돌은 길이가 9미터, 무게가 70톤에 이르는 거대한 덮개돌을 얹은 것으로 한 사람의 시체를 묻은 개인묘(墓)이다. 즉 이것은 상당한 수의 인력을 동원할 수 있는 권력의 소유자이며, 고인돌 여러 개가 순차적으로 생성된 것으로 보아 세습되어왔다고 추측된다.

막강한 권력자의 출현은 곧 사회 계급의 분화를 의미하며, 그 지배자는 기존의 족장이나 군장인 것으로 추정된다. 또한 그 집단의 존립은 곧 그 지배자의 안위와 연관되었다고 보며, 그에 따라 경호적 가치가 있는 엄밀한 의미의 경호대상자가 이때 출현하였다고 할 수 있다.

그러나 그 구체적인 조직에 대한 내용은 문헌으로 나타나 있지 않기 때문에 기초적인 군사 조직 안에 편입되었을 것으로 추측되며, 이때의 군사적 활동이 곧 경호의 일환이라고 생각된다.

또한 성(城이)라는 군사적 보호구역이 있었고, 그 지배자를 보호하기 위한 물리적 시설과 더불어 그것을 경비하기 위한 조직이 존재하였다고 판단된다. 또한 궁성 경비 활동은 곧 국가 권력자의 경호 활동이며, 전쟁의 성패 역시 그 지배자의 생사와 밀접한 관련이 있으므로 군사 활동이 곧 경호활동으로 연결된다고 본다.

2. 고조선

철기문화의 유입과 더불어 국가적 면모를 처음으로 갖춘 최초의 국가가 고조선이다.

고조선의 생성 시기는 기원전 4세기 이전으로 보며, 당시 중국의 연(燕)과 마찬가지로 고조선에서도 '왕(王)'이라는 칭호를 사용하였다. 또한 연과 대적할 정도로 정치적 · 경제적 · 군사적으로 성장하였으며, 그것은 왕을 호위하기 위한 경호 조직이 군사 조직 안에 편제되었다고 추측할 수 있다.

고조선 성립 이전 중국의 주(周)나라 시대의 여분, 호분이라는 명칭이 나오며(김창호, 2006), 이 둘은 천자나 제후를 호위하는 직책을 맡았으므로, 마찬가지로 고조선의 왕을 호위하기 위한 군사 조직에 있어서 이에 맞먹는 경호 조직이 존재하였다고 유추할 수 있다.

그리고 고조선에 있어서 고대 법제의 하나로 8조금법[1])이 있었으며 살인죄에 대한 사형과 상해에 대한 곡물 배상, 절도에 대한 노비예속의 3조목이 전해지고 있다. 이러한 법이 존재하였다는 것은 지배세력에 의한 집행능력이 존재하였다는 것을 나타내며, 그 집행은 예하 군사에 의해 통합적으로 이루어 진 것으로 추측할 수 있다. 이것은 아직 그 기능이 군사 조직에서 분화되지는 않았지만, 공경호의 하나인 경찰 활동으로 볼 수 있다.

---

1) 고조선의 8조금법 중 다음의 3조목이 전해진다(이기백, 한국사신론, 일조각, 2007, p. 48 참조).

1. 사람을 죽인 자는 사형에 처하고, 그 가족은 데려다 노비로 삼는다.
2. 남에게 상해를 입힌 자는 곡물로써 배상한다.
3. 남의 물건을 훔친 자는 데려다 노비로 삼는다. 단, 스스로 속죄하려는 자는 1인당 50만전(錢)을 내야 한다.

그런데, 이와 비슷한 법조문이 부여에서도 존재하였으며 전해진 내용을 보면 다음과 같다.

1. 사람을 죽인 자는 사형에 처하고, 그 가족은 데려다 노비로 삼는다.
2. 절도를 한 자는 12배의 배상을 갚는다.
3. 간음을 한 자는 사형에 처한다.
4. 부인의 질투를 특히 미워하여 이를 사형에 처하되 그 시체를 서울 남쪽 산 위에 버려서 썩게 한다. 단, 그 여자의 집에서 시체를 가져가려고 하면, 소와 말을 바쳐야 한다.

IV. 삼국시대의 경호

1. 고구려의 군사제도와 경호

고대국가로 진입한 고구려의 경호조직을 연구함에 있어 구체적인 근시집단(近侍集團)에 대한 사료의 부족으로 구체적 경호조직에 대한 기술은 어렵지만, 고대국가의 특성은 왕을 중심으로 한 군사조직의 강화와 그러한 군사조직은 왕권을 수호하고, 왕의 안위와 직결되는 것으로서 군사조직의 하나로 경호가 이루어졌음을 짐작할 수 있다. 즉 경호조직은 아직 군사조직에서 미분화(未分化)하였으며, 이에 따라 군사조직을 통하여 그 시대의 경호를 엿볼 수 있다고 생각된다.

고구려는 중앙집권적인 귀족국가로 발전하면서 군사조직이 국왕의 지휘 하에 귀속되었으며, 이것은 왕권 중심의 정치체제로 발전하였음을 말해준다.

특히 고구려는 수렵 민족으로서 주변 국가를 복속시키기 위한 정복전쟁이 활발히 이루어졌으며, 그에 따른 군사조직도 정비되어야 했다.

군사조직이 국가적 기반을 갖추고 중앙권력에 예속되어 군사동원과 편제가 일원적으로 정비되었을 것이다.

이러한 군사조직은 중앙군과 지방군으로 나누어져 있으며, 중앙군은 수도의 5부 조직으로 각부에 일정수가 배치되어 수도 방위를 담당하였고, 지방군은 지방 행정조직과 일원화되었으며, 전국을 동서남북 내의 5부로 나누고 각 부에 욕살(褥薩)을 두었다.

고구려의 경호조직은 왕권 수호와 직결되는 중앙군사조직에서 찾을 수 있다. 중앙군의 최고급 무관으로는 위두대형(位頭大兄) 이상의 관등이 임명되는 대모달(大模達)이 있으며, 일명 대당주(大幢主) 혹은 막하라수지(莫何邏繡支)라고 하였다. 이러한 대모달을 대당주라 부른 것은 고구려의 독립된 단위부대인 "당(幢)"의 연합부대장으로 추측되며, 그 밑에 1000명을 지휘하는 무관으로 말객(末客)이 있어 대형(大兄)이상의 관등을 가진 자가 임명되었고, 이 말객 아래 당주(幢主)가 있어 군사 100명을 거느렸던 것으로 보인다. 즉 각 1천명의 군사가 배치되어 말객이 지휘하고 이들 5부의 중앙군을 대모달이 총괄 지휘한 것으로 추정되며(김 홍, 2003), 이에 따라 고구려의 경호조직은 대모달과 말객으로 볼 수 있다.

그리고 고구려의 기본 군사전략은 "수성(守城)"과 밀접한 관련을 가지며, 그것은 당과의 전쟁에서 안시성 전투를 보더라도 알 수 있다. 따라서 고구려의 전술 운용은 견고한 성곽과 불가분의 관계가 있으며, 이러한 성곽은 왕이 거처하는 궁실을 보호하는 일차적인 물리적 보호 장치였다고 할 수 있다.

고대국가의 흥망은 왕의 안위와 직결되며, 왕권의 강화와 더불어 궁성을 수비하는 것이 곧 경호의 일환이었을 것으로 보이며,

이러한 궁성의 경비를 대모달 이하 말객과 같은 경호 조직이 담당하였음을 알 수 있다.

2. 백제의 군사제도과 경호

백제의 군사조직은 고구려와 마찬가지로 중앙군과 지방군으로 나누어 볼 수 있다. 중앙군은 수도 5부(部)에 배치된 군사조직으로서 각 부에는 500명씩 부병(部兵)이 있었으며, 이 부병을 달솔(達率)의 관등을 가진 자가 통솔하였고, 2,500명의 상비군으로 존재하였다.

지방군은 5방(方)으로 나누어져 있었으며, 각 방에 700~1,200명의 병력이 배치되어 달솔이 관할하였다.

그리고 백제의 관제를 보면 6좌평(佐平)제[1])로서 이 중 제1품인 위사좌평(衛士佐平)은 궁중 및 국도의 경비에 해당하는 숙위병(宿衛兵)을 통솔하던 최고 군관으로서의 지위를 가진다.

여기에서의 숙위병이란 국왕을 지근(至近) 거리에서 호위하고, 본격적인 전투부대와는 성격상 일정한 거리가 있는 국왕 시위군(侍衛軍)을 의미한다.

이러한 시위군은 국왕 직속의 국왕 통제 하에 있는 친위군(親

---

1) 백제의 6좌평제도
① 내신좌평 : 왕명 출납
② 내두좌평 : 창고, 재정
③ 내법좌평 : 예법, 의례
④ 위사좌평 : 왕궁 호위 → 경호 조직
⑤ 조정좌평 : 형벌, 감옥
⑥ 병관좌평 : 지방 군사

衛軍)으로서, 궁성 숙위(宿衛)와 왕 또는 왕실세력 행차 시 호종(扈從)을 수행하는 국왕 보호 군사 및 왕권 수호의 상징적 군사로 기능한다.

따라서 위사좌평의 존재란 곧 국왕 시위군이 제도적으로 자리잡고 있다는 것을 나타내며, 이는 곧 백제의 경호조직이 존재한다는 것을 의미한다고 볼 수 있다.

그런데 이러한 위사좌평이 존재하였다는 것은 중앙군의 수장인 달솔보다 그 지위가 높은 것으로서 중앙군의 2,500명은 일반적인 전투부대가 아닌 국왕의 친위군사로서의 성격을 갖는다고 볼 수 있다.

『삼국사기』에 따르면 동성왕 8년에 백가(苩加)라는 인물이 위사좌평에 임명되었으며, 16년간 재임하였다.

백제의 동성왕 시기에는 웅진으로 천도(遷都)하여 천도 초기 왕권 강화를 추진하는 일환으로 그 지방의 유력자인 백가를 기용하여 시위군을 관장하게 하였다.

이때 시위군을 관장하는 위사좌평은 요직으로 국왕 친위군사조직을 관장하고 왕의 측근에서 경호임무를 수행하게 되었다.

그러나 유력 지방 귀족 출신으로 하여금 국왕 시위군을 관장하게 한 것은 왕권 약화의 빌미를 제공하기에 이르렀으며, 이것은 백가에 의한 동성왕 암살 및 반란에 의해 표면화되었다.

이에 따라 국왕 시위군의 강화와 재편 필요성이 제기되어 성왕(聖王) 대(代)에 이르러 사비천도를 전후한 시기에 대대적인 개혁을 강행하면서 시위군의 강화와 재편을 시도한 것으로 보인다.

따라서 사비시대 왕도에 존재하는 2,500명의 군사력은 국왕 시위군으로서 병력의 규모와 임무가 확대된 것이며, 위사좌평이라는 일급 귀족이 국왕 시위군을 장악한 데서 벗어나 달솔이 시위군을 지휘하게 되어, 시위군에 대한 유력 귀족의 영향력이 배제되면서, 국왕의 시위군에 대한 장악력이 높아져 말 그대로 국왕의 친위군사력으로 기능하게 되었을 것이다(이문기, 1998).

이와 같이 위사좌평이 아닌 5명의 달솔이 국왕 시위군을 지휘하게 된 것은 귀족세력의 영향력을 약화시키고, 상호 견제에 따른 국왕의 직접적인 지배를 통한 왕권 강화의 일환이었음을 알 수 있다.

3. 신라의 경호제도

1) 신라의 군사제도

신라는 처음 수도를 6부로 구성하였으며, 이 6부의 소속원을 군인으로 징발해 6부병으로 편성하여 왕경(王京)을 수비케 하였고, 진흥왕 5년(544)에 6개의 부대를 수도에 대당(大幢)으로 통합하였다. 그 후 영토 확장과 더불어 점령지역에 주(州)를 설치하여 5주가 성립되었으며, 주마다 군단(軍團)을 설치, 대당을 포함 6정(停)이 형성되었다.

그리고 주 밑에는 군(郡)이 있어 당주가 파견되었으며, 또 그 아래 촌(村)에는 도사(道使)가 파견되었는데, 이들은 군사적 성격을 띠었음을 알 수 있다(김 홍, 2003).

통일이 된 이후에는 중앙군과 지방군을 9서당(誓幢) 10정(停)으로 재편하였다.

특히 중앙군으로서의 9서당은 통일신라시대의 가장 중요하고 가장 큰 군단이었는데, 왕의 근시조직(近侍組織)과 밀접한 관련을 가지며 기존의 기본 군단이었던 6정과는 성격이 다른 것으로, 통일 전 진평왕 5년에 서당이란 모병으로 조직되었다.

정규 부대와는 달리 왕권과 밀착된 특수한 성격의 부대로 보여지며, 통일 후 백제와 고구려의 피정복민으로 조직된 부대들이 추가되어 확대 개편된 것으로서 국왕의 직속된 일원적인 군사조직이었다.

2) 시위부(侍衛府)

시위부는 명칭 그대로 국왕을 시위(侍衛)하는 시위군(侍衛軍)으로 구성되었으며, 진평왕 46년(624)에 처음 조직되어, 진덕여왕 5년(651)에 3도(徒)로 나누어, 시위감(侍衛監)-대감(大監)-대두(隊頭)-항(項)-졸(卒)의 군관직체계를 정비하였다.

시위부는 궁성의 숙위(宿衛)와 왕 및 왕실세력 행차 시 수행하는 것이 주된 임무로 역모를 격퇴하거나 반란군을 평정하는 임무를 수행하여 이들은 국왕에게 직속된 군사로서 항상 궁궐 내 거주하면서 경비에 임하였다(김창호, 2001).

시위부는 진평왕 46년(624) 대감의 설치를 기점으로 조직화되기 시작했다. 이는 크게 보아 왕권강화정책의 한 고리로 이해되지만, 진흥왕대의 대당 및 정제 설치 이후 계속 증가된 군사조직이 골품제의 제약으로 진골귀족의 손에 장악되고 있었던 한계를 극복하려는 진평왕의 현실적 필요성이 하나의 배경이 되었다. 진평왕은 전렵(田獵)을 통해 측근 군사력의 양성을 위해 노력하였고, 그 바탕 위에서 이들을 통솔하는 관직으로 대감 6원(員)을 설치했던 것이다(장철원, 2003).

『삼국사기』에 따르면 통일 후에는 신문왕 원년(681)에 일어났던 김흠돌의 난 이후 시위감을 혁파하고 장군(將軍)으로 격상시켜 6인을 두었다. 그에 따라 장군 6인, 대감 6인, 대두 15인, 항 36인, 졸 117인으로 구성되었으며, 국왕의 사병을 포괄하는 조직으로 강화되는 경향을 나타내어 왕의 측근이 시위부를 장악하게 되었고, 이러한 시위부의 강화에 따라 왕도(王都) 수비의 핵심부대로서, 『구당서(舊唐書)』에는 이것이 '사자대(獅子隊)'라는 명칭으로 기록되고 있다.

이러한 시위부는 궁성의 숙위, 국왕 및 왕실세력 행차시의 호종(扈從)이라는 본연의 기능을 수행하면서 국왕의 측근 군사력으로서 일반 군사조직이 붕괴되는 하대(下代)까지도 의연히 존속하였다. 중대(中代)에는 진골귀족 세력의 침투를 배제하기 위해 장군직을 육두품에게도 개방하였고, 국왕이 직접 모병한 병졸집단을 친히 지휘·통솔하는 체계를 갖추고 있었다. 이로 말미암아 시위부는 국가적 공병조직 가운데서 국왕 개인의 사병(私兵)적 성격을 강하게 내포한 군사조직의 성격을 갖게 되었다(장철원, 2003).

신라 중앙군으로서 핵심은 9서당과 시위부이며, 모두 왕권의 보호와 강화에 직접적인 역할을 하였다.

이러한 이원화된 시위조직은 상호 연계가 되었으며, 부족한 시위 인원은 중앙군을 통하여 보충 받게 되고 이들에게는 평시 왕권 보호와 관련된 일반 경비업무를 담당하게 하였다(김창호, 2001).

Further Study 백제와 신라의 경호조직 비교

		백제	신라
조직 및 임무		• 위사좌평(衛士佐平) • 5부 각 500명씩 2,500명 • 왕도 5부인 가운데 효용자 선발 • 숙위병사 관장 (궁성 시위 및 국왕 행차 호종)	• 시위부(侍衛部) • 3도(徒) 각 6명의 장군 3,000명 • 왕도인 가운데 효용자 선발 • 국왕 시위 · 호종 및 왕도 수비
비교	공통점	• 시위군의 제도적 성립 • 선발과 임무 유사 • 규모와 편제 유사: 중앙군과는 별개의 부대 • 왕권 강화를 위한 대대적 개편 단행: 백제의 경우 사비천도 후 백가 암살의 교훈으로 그 지휘권을 달솔관등에게 관장케 하여 귀족 세력을 배제하였으며, 신라 또한 신문왕 대에 이르러 시위감을 장군으로 승격하고, 6두품을 중용하여 진골 세력을 배제하여 왕권 강화를 모색 • 다수자에게 나누어 관장: 지휘자간 상호 견제를 통한 국왕 직속화 및 왕권 강화	
	차이점	• 초기 위사좌평의 관장으로 시작 • 국왕 직속이 아닌 별도의 직책 마련	• 초기부터 국왕 직속의 편제 • 후일 사자대(獅子隊)로 규모를 확대

V. 고려 전기의 경호제도

1. 고려 전기 군사제도와 경호조직

고려 전기의 중앙군은 전형적으로 2군(軍)6위(衛)로 총칭되는 8개부대로 편제되어 있었다.

2군은 응양군(鷹揚軍)과 용호군(龍虎軍)을 지칭하며, 6위는 좌우위(左右衛), 신호위(神虎衛), 흥위위(興威衛), 금오위(金吾衛), 천우위(千牛衛), 감문위(監門衛)를 말한다.

건국 초 태조 왕건의 중앙군은 중군(中軍)·좌강(左綱)·우강(右綱)의 3군으로 편성되었는데, 여기서의 중군은 태조 왕건의 친위군이었을 것이 분명하며, 중군 3천명은 후일 응양군 · 용호군의 2군으로 통폐합되었던 것이다.

2군은 국왕의 친위군으로서의 성격을 가졌으며, 2군의 상·대장군은 근장(近仗) 상·대장군으로, 장군은 친종장군(親從將軍)으로 불리기도 했는데, 이것은 의장과 경호를 뜻하는 것으로서 그 임무는 국왕을 측근에서 호위하고 의장하는 것이었기 때문에 그 지위는 6위보다 높았다고 볼 수 있다(김 홍, 2003).

2군이 친위군단인 데 비해 6위는 주로 전투부대였다. 이 가운데 좌우, 신호, 흥위의 3위는 중앙군의 핵심이 되는 주력부대로서 평상시에는 국왕의 행차에 대한 호가(扈駕), 외국사신의 송영(送迎) 등을 위시한 국가의 여러 행사에 참여했다. 또한 개경 수도의 수비와 함께 출정(出征)과 방수(防戍)를 그 임무로 하고 있었다. 즉 도성의 수비는 물론 교대로 변방에 나아가 경비하는 임무까지 지니고 있었다. 그리고 금오위는 비순위(備巡衛)라고도 칭하였듯이 경찰의 임무를 맡았으며, 천우위는 의위(儀衛)의 임무와 왕에 시종(侍從)하는 의장대(儀仗隊) 임무를 맡았고, 감문위는 명칭 그대로 도성문의 수위였다.

2군은 금군(禁軍), 곧 국왕을 호위하고 의장하는 친위군 부대들이었다. 그리고 천우위 역시 국왕을 측근에서 경호하는 친위군 부대였다. 2군은 친위군 강화의 목적으로 천우위가 설치된 이후에 추가로 창설된 부대들이었지만 지위 면에서는 중앙군 가운데 가장 높았다. 금오위는 도성지역의 경찰부대였고, 감문위는 도성문과 주요 시설들을 수위하는 임무를 맡고 있었다. 결국 국왕 경호와 수도치안을 담당한 이들 부대의 임무는 기본적으로 정치적이었다고 하겠다(김 홍, 2003).

2군 6위는 각기 최고 지휘관으로 상장군과 부지휘관으로서 대장군이 있었다. 이들 8개 군단의 상장군과 대장군 16명은 그들의 합좌기관으로 중방(重房)을 두고 있었는데, 그것은 무신들의 최고기구로서 문신들의 합좌기관인 도병마사(都兵馬使)와 대조적 위치에 있는 것이었으며, 중방회의의 의장은 응양군의 상장군이 반주(班主)였다.

2군 6위 바로 밑의 단위 부대는 영(領)이었다. 이 영은 군인

1000명으로 구성된 부대로서 그 지휘관은 장군이었으며, 장군 밑의 보좌관으로 중랑장(中郎將) 2명이 있었다.

중랑장 밑에는 낭장이 거의 모든 영마다 각 5명씩 있었으며, 이들은 200명으로 조직된 부대의 지휘관이었으며, 낭장 밑에 각 5명씩의 별장은 부지휘관, 산원(散員)은 낭장과 별장의 보좌관이었다.

오(伍)는 50명으로 조직되었으며 그의 장은 교위(校尉)였다. 그리고 대(隊)는 편성의 최하 단위로서 그 책임자는 대정(隊正)이었으며, 매 령에 40명씩 있었다.

태조 왕건의 즉위 초에는 군사를 맡아보던 순군부(徇軍部)가 모든 병권을 장악하고 있었으므로 순군부는 병부 이상으로 중요한 기구였다. 따라서 왕건은 순군부령을 병부령에 두고 있었으며, 태조 16년(933년)에는 병부 이외에 병금관을 두어 병을 장악하도록 하였다.

그리고 태조 왕건의 즉위 시 내군경(內軍卿)이 있었는데 이것은 의물기계(儀物器械)를 장악하던 기관이었다. 언뜻 보기엔 군사와 관계가 없는 듯이 보이나 내군장군(內軍將軍)이라는 칭호가 자주 보이며, 내군이라는 칭호로 보아 시위군(侍衛軍)이었을 것이 분명하다. 내군이 의물기계를 맡았다고 했는데 여기서 의물은 군대의 시위용이었음으로 내군은 곧 의물의 공급만을 관장하는 것이 아니라 그것들을 가지고 왕을 시위하는 군대 즉, 왕의 친위군(親衛軍)이었던 것이다.

2군 6위는 제6대 성종(981~997년)부터 제7대 목종(997~1009년)에 걸쳐 중앙정규군으로 편성되었다. 2군은 때로는 근장(近仗)이라 불리던 친위군 또는 시위군으로서 응양군과 용호군을 말하며, 응양군이 용호군보다 우위에 있었으나 모두 각각 상장군과 대장군을 두고 있었다.

그리고 내순검군(內巡檢軍)은 고려 제17대 인종(1122~1146년) 때 묘청의 난이 일어나자 개경의 치안유지를 위하여 도성 안을 좌·우로 나누어 각각 순검사(巡檢使)를 두었었다. 제18대 의종(1146~1170년)때에 와서 숙위(宿衛)를 더욱 강화하고 내순검(內巡檢)이라 하였다. 원래 농민에서 군인을 뽑아 농한기에 궁궐을 경비하던 농민 군인인 부병(府兵)을 궁궐 안에 주둔시켰던 데에서 내순검은 발단되었으나, 그 후로는 건강하고 용맹스러운 사람을 선발하여 자의(紫衣)에 궁검(弓劍)을 착용하고 주야로 근무하도록 하였다.

이들은 지금의 순경을 지휘하던 우두머리인 순검지유(巡檢指諭)나 순검도령(巡檢都領)의 지휘를 받아 금중순위(禁中巡衛)는 물론이고 왕의 호가(扈駕) 출입시 호종시위(扈從侍衛)하였으며, 모반이나 반역를 꾀하여 궁궐문에 투서하는 자들도 체포하였다.

2. 견룡군(牽龍軍)

1) 견룡군(牽龍軍)과 금군(禁軍)

고려전기(高麗前期)에 군제(軍制)의 핵심(核心)을 이룬 것은 2군 6위의 중앙군이었다. 고려의 중앙군을 경군(京軍)이라고 불리었다. 이 가운데 6위가 먼저 형성(形成)되고 얼마 후에 2군이 형성되었다.

고려(高麗)의 중앙군(中央軍)은 군인들의 임무를 더욱 전문화하고 보다 세분화해야 할 필요성에 따라 2군(軍) 6위제(衛制)로 정비되었다. 태조(太祖) 직속의 마군(馬軍)은 통일이 완료된 뒤에 해체되었다가 광종(光宗)의 시위군 강화조처를 통하여 복원되었다. 그러다가 성종(成宗)은 최승로(崔承老)의 건의를 받아들여 마군(馬軍) 부대를 다시 해체하였다.[1] 2군(軍)과 6위(衛)는 그 임무의 분장에 있어서 각각 차이가 있었다. 6위(衛) 가운데 좌우위(左右衛)・신호위(神虎衛)・흥위위(興威衛) 등 3위(衛)는 개경(開京)의 수비와 변방의 경수까지 맡았던 경군(京軍)의 핵심 부대였다. 따라서 주로 전투부대의 성격을 띠고 있었다. 금오위(金吾衛)는 비순위(備巡衛)라는 명칭에서도 짐작할 수 있듯이 경찰의 임무를 담당하였고, 감문위(監門衛)는 궁문(宮門)의 경비를 맡았다. 반면에 2군(軍)은 국왕의 시위와 궁성의 수비를 맡았다. 이렇게 체계화된 고려(高麗)의 중앙군(中央軍)은 역할과 조직에서 변화를 보이기 시작하였다.

그러나 문종 대에 이르러 병력이 제대로 채워지지 않아 부실해진 중앙군(中央軍)으로는 여진(女眞)과의 전쟁에도 대비할 수 없었다. 이러한 이유로 말미암아 별무반(別武班)이 출현하게 된 것이다.[2] 별무반(別武班)의 창설은 2군(軍) 6위(衛) 가운데에서도 전투를 맡은 6위(衛), 그 가운데에서도 좌우위(左右衛)・신호위

1) 홍승기(洪承基)에 따르면 태조대(太祖代)의 직속 마군(馬軍)은 통일 후 군대편성이 보병위주로 개편되면서 대부분 해체되었다가 광종대(光宗代) 시위군(侍衛軍)의 증가로 복원되었으며, 경종(景宗)과 무종대(武宗代)에 다시 해체되었다고 한다(홍승기, 1983.).

2) 김당택(金塘澤)의 설명에 따르면, 고려(高麗)의 제도상의 군액(軍額)은 문종대(文宗代)에 이미 현실적인 군액(軍額)과 크게 어긋나 있었고, 따라서 여진(女眞)을 정벌하기 위한 병원(兵員)의 확보를 위해서는 비상책을 강구할 수 밖에 없었다고 한다. 그래서 전국적인 징집을 행하지 않으면 안되었고, 그 결과 출현한 것이 별무반(別貿班)이었다는 것이다(김당택, 1983b).

(神虎衛)·흥위위(興威衛)의 약화를 말하는 것이었다.[3] 반면에 견룡군(牽龍軍)의 설치는 2군(軍)의 그것을 의미하였다. 다시 말하면 전자가 전투병의 약화를 뜻한다면 후자는 시위군(侍衛軍)의 그것을 의미하였다. 그런데 2군(軍)의 임무는 주로 국왕을 호종하면서 신변을 보호하던 시위부대였다. 2군(軍)이 약화됨으로써 국왕의 시위에 허점(虛點)이 드러나게 된 것도 사실이었다. 국왕의 시위란 잠시도 쉴 수 없는 중요한 임무였다. 그러므로 기능이 약화된 2군(軍)을 대신하여 그것의 임무를 전담할 새로운 부대가 필요하게 되었다. 견룡군이 국왕의 시위군(侍衛軍)으로 등장하게 된 것은 바로 이러한 상황의 변화를 반영하여 주는 것이다.[4]

견룡군은 사(使)와 부사(副使) 그리고 상절관(上節官)에게만 있고 나머지는 용호군(龍虎軍)으로 대신하게 하였다고 한다. 그런데 신하들에게까지 견룡군이 배치되었던 것은 아니었다. 물론 왕의 명령에 의하여 신하를 호위했을 경우도 생각할 수 있다. 하지만 원칙적으로는 신하들에게 배속된 견룡군은 없었다. 그러므로 이것을 사신을 파견할 때나 그들을 영접할 때 왕의 명령을 받아 견룡군이 그들을 호위한 것으로 해석된다.

또한 내순검군(內巡檢軍)과 같은 새로운 금군(禁軍)의 창설로 그것의 규모는 커졌으며, 지금까지 2군(軍) 6위(衛)의 중앙군(中央軍)이 수행해 오던 임무의 많은 부분도 금군(禁軍)에게 넘겨주게 되었다. 2군(軍)의 임무는 견룡군(牽龍軍)이 그리고 금오위

3) 김당택(金塘澤)도 별무반(別武班)의 설치가 6위(衛) 소속 군인들의 부족과 무관하지 않으며, 6위(衛) 소속 군인의 부족은 과중한 도역(刀役)부과와 군인전(軍人田)이 제대로 지급되지 않았던 것이 그 원인이라고 하였다(김당택, 1983b).

4) 김당택(金塘澤)은 계속적인 군액(軍額)의 감소가 직업군인이 아닌 자들을 중앙군(中央軍)과 함께 동원하는 결과를 초래하였으며 또한 특수부대를 출현시키는 결정적인 요인이 되었다고 설명하였다(김당택, 1983b).

(金吾衛)가 수행하던 경찰의 임무는 대부분 순검군(巡檢軍)과 내순검군(內巡檢軍)이 각각 맡게 되었다. 이렇게 고려중기(高麗中期)로 오면서 견룡군(牽龍軍)을 중심으로 한 금군(禁軍)은 고려 군제의 핵심을 차지하게 되었다(김낙진, 1994). 이제 고려 군사력의 핵심은 중앙군체제(中央軍體制)에서 금군체제(禁軍體制)로 변화되어갔다고 이해할 수 있을 것이다.

2) 견룡군(牽龍軍)의 설치와 임무

숙종(肅宗)은 소태보(邵台輔)와 왕국모의 도움을 받아 왕위에 오르는데 성공하였다. 그러나 그의 왕권은 강력한 것일 수가 없었다. 그것은 자신의 독립된 힘으로 왕권을 차지한 것이 아니었기 때문이었다. 따라서 이자의(李資義)처럼 공공연하게 사병(私兵)을 양성하여 왕권을 위협하거나 숙종(肅宗) 자신과 같이 왕권에 도전하는 무리들이 생길 가능성을 배제할 수 없었다. 그 목적을 이루기 위하여 무엇보다도 강력한 국왕의 시위군(侍衛軍)을 육성하는 것이 관건이었다. 숙종(肅宗)은 왕권의 안정화를 군제 개혁을 크게 두 가지 방향에서 진행시켰다고 보여진다. 그것은 시위군(侍衛軍)의 강화와 중앙군(中央軍)의 재편으로 대별될 수 있다. 먼저 전자의 개혁은 새로운 시위부대의 창설로 나타났다. 다시 말하면 견룡군(牽龍軍)의 설치라고 할 수 있다.[5)]

기존에 국왕의 시위군(侍衛軍)으로 활동하던 것은 2군(軍)이었다. 그러나 군대의 지휘권이 고위무관들에 의하여 상당히 독립되

5) 숙종(肅宗)은 왕권을 강화하기 위하여 시위를 전담하면서 다른 시위군을 통제할 수 있는 특수부대의 조직을 필요로 하였다고 보여진다. 이러한 필요에 의하여 등장한 것이 견룡군(牽龍軍)이었다고 생각된다.

어 있는 상태에서 2군(軍)만으로는 왕이 기대할 수 있는 시위를 보장받을 수 없었다. 따라서 숙종(肅宗)은 새로운 시위부대의 창설을 필요로 하였고, 그 결과 나타난 것이 견룡군(牽龍軍)의 설치였다고 생각된다.

이러한 맥락에서 견룡군(牽龍軍)의 설치 배경을 이해한다면, 비슷한 시기에 설치되었던 별무반(別武班)도 여진(女眞)과의 전쟁을 치르기 위하여 짜여진 전시 편제였다는 일차적인 의미뿐만 아니라, 독립된 무장 세력의 발호를 막고, 병권(兵權)을 왕에게 집중시키기 위한 군제(軍制) 정비의 차원에서 이루어졌던 것이라고도 생각된다.

견룡군(牽龍軍)의 가장 기본적인 임무는 왕을 가까이서 호위하는 일이었다. 견룡군(牽龍軍)이 왕의 가장 측근에서 신변경호를 맡았다면 내순검군(內巡檢軍)은 의장 행렬의 밖에서 전체적인 경호를 맡았다고 할 수 있다.

견룡군(牽龍軍)의 경호임무가 왕의 가장 측근에서 이어졌다는 사실은 경호 책임자로서의 지위가 다른 호위부대보다도 우위에 있었음을 말해준다.

2군(軍) 6위(衛)의 중앙군(中央軍)이 부실해지기 전에는 시위(侍衛)와 숙위(宿衛)는 주로 2군(軍)이 담당하였다. 그러나 2군(軍)이 해이해지면서 숙위임무(宿衛任務)의 비중은 금군(禁軍)으로 대폭 옮겨가게 되었다. 따라서 궁성(宮城)안에서의 숙위(宿衛)는 견룡군(牽龍軍)을 비롯한 금군(禁軍)의 주요 임무가 되었다. 견룡군(牽龍軍)은 숙위임무(宿衛任務)의 수행을 위하여 왕이 거주하던 내○(內○)에 주둔하고 있었던 것으로 생각된다. 그리고 일과의 대부분은 거의가 이곳에서 이루어졌다고 생각된다. 이 점은 광종(光宗)이 시위군졸을 강화시키기 위하여 주군(州郡)에서 풍채 있는 자들을 뽑아 내주(內廚)에서 먹게 하였다는 사실과 금군(禁軍)이 함께 식사 배식을 받아먹었다는 점에서 미루어 알 수 있다. 이것은 또 그들이 왕과 지근거리에서 함께 생활하였음도 의미한다고 할 수 있다. 견룡군(牽龍軍)을 궁내에서 함께 먹고 자고 근무하게 만든 데는 크게 두 가지 의도가 내포되었다고 생각된다. 그것은 첫째, 예측하지 못한 급변에 신속하게 대응하기 위함이었고, 둘째는 그들의 단결력과 충성심을 높이기 위한 의도에서였다고 할 것이다. 후자는 결국 전자를 위한 것이기도 하였다.

따라서 이러한 상황에 대비하여 왕과 지근거리에서 함께 생활하는 견룡군(牽龍軍)과 같은 금군(禁軍)이 필요했던 것이다. 견룡군(牽龍軍)은 일이 발생하였을 때 왕의 명령을 받아 곧 바로 출동할 수 있는 위치에 항상 포진하고 있어야만 하였다.[6]

이상과 같은 내용을 요약하여 정리하면 다음과 같다.

먼저 관심을 가졌던 것은 견룡군(牽龍軍)의 설치 문제였다. 견룡군에 관한 최초의 기록은 앞서 살펴본 바와 같이 숙종(肅宗) 때였다. 따라서 그의 설치도 이 시기와 크게 차이가 나지 않을 것으로 생각하였다. 물론, 견룡군이 포함되었던 금군(禁軍)의 명칭이 보다 이른 시기에 찾아지기도 하였다. 그렇지만 금군의 조직이 일시에 모두 완비된 것으로 볼 수 없기 때문에 견룡군의 설치를 그와 동일시 할 수 없다고 하였다.

다음으로 살펴본 것은 견룡군이 설치되게 된 배경이었다. 그것은 군제사(軍制使)와 정치사(政治史)관점에서 접근해 보았다. 우

6) 광종(光宗)이 시위군졸(侍衛軍卒)을 뽑아 내주(內廚)에서 먹게 하였던 이유도 금군(禁軍)의 임무가 궁성(宮城)을 중심으로 이루어졌기 때문이고 국왕의 명령이 즉각 도달하도록 하기 위한 것.

선 견룡군이 설치 배경을 2군(軍) 6위(衛)의 중앙군(中央軍)과의 관련 속에서 이해하였다. 견룡군이 설치되기 이전에 국왕의 시위를 담당하였던 것은 주로 2군(軍)이었다.

2군(軍)이 궁성의 수비와 국왕의 호위를 담당하였다. 그러나 고려중기(高麗中期)로 가면서 2군(軍) 6위(衛)의 중앙군(中央軍)은 병액의 충원이 순조롭게 이루어지지 못하게 되자 부실화를 면하지 못하게 되었다. 특히 의종(毅宗) 때에 이르면 국가의 군대가 하나도 없었다고 할 정도로 유명무실한 상태에까지 이르게 되었다. 이러한 이유로 중앙군은 결국 임무 수행에 어려움을 겪게 되었다. 그렇다고 해서 국가의 중앙군을 그대로 방치할 수도 없었다.

결국 견룡군은 부실해진 2軍을 대신해서 시위임무의 핵심을 계승한 부대였다고 할 수 있다. 정치사적 측면으로 볼 때 견룡군의 등장은 숙종의 즉위과정과 관련이 있었다고 하였다. 숙종의 왕위계승(階乘)은 정상적인 방법에 의한 것이 아니었다. 그는 경쟁자들과의 싸움에서 승리를 거두고 왕위에 올랐던 인물이었다. 그러한 경험으로 말미암아 그는 왕위(王位)에 오른 뒤에 왕권 강화를 위하여 노력하였다. 그러한 노력 가운데 하나가 시위군(侍衛軍)의 강화였다. 그리고 시위군(侍衛軍) 강화의 일환으로 견룡군이 설치되었던 것이다.

이러한 배경 속에서 등장한 견룡군의 임무는 국왕의 신변 안전을 도모하는 일이었다. 그것도 왕과 가장 가까이서 신변을 경호하였다. 그런데 국왕의 시위군(侍衛軍)은 역할에 따라 크게 두 가지로 구분할 수 있었다. 그것은 의장(儀仗)과 시위(侍衛)의 임무였다. 의장을 맡은 부대들은 왕(王)의 위용을 드러내 그 권위를 세우는 일을 주로 담당하였다. 반면에 시위(侍衛)를 맡은 부대는 발생할지 모르는 변란(變亂)으로부터 국왕의 신변을 보호하였다. 천우위(天牛衛)와 같은 부대가 전자의 경우에 해당되겠고, 견룡군과 같은 금군이 후자의 부대에 해당되었다. 그런데 금군을 구성하던 부대들은 기능에 따라 구분이 있었다. 견룡군은 국왕의 행차 시에 뿐만 아니라 궁성 안에서도 중요한 임무를 수행하였다. 그것은 숙위(宿衛)임무였다. 궁성 안에서의 숙위(宿衛)는 국왕과 아주 가까운 위치에서 이루어졌다. 국왕이 거처하던 내정(內庭) 근처에서 먹고 자면서 위험에 대비하였다. 국왕은 이들과 늘 가까이서 생활함으로써 그들의 충성심을 수시로 확인하고 보장받으려 하였다. 이러한 조치는 강력한 시위군(侍衛軍)의 확보와 직결되는 것이었으며 또 그것은 왕권 강화를 위한 핵심적인 일이었다.

Further Study 견룡군(牽龍軍)의 역사적 의의

견룡군은 2군의 약화로 인하여 숙종 때 설치되었으며, 2군의 임무를 승계하였다. 그리고 그 임무는 바로 왕의 호위였다. 그에 따라 그 선발도 국왕의 주도 아래 이루어졌다. 이러한 점은 다른 2군 6위의 중앙군과 다른 별개의 부대였다는 것을 보여주며, 상장군과 대장군의 지휘를 직접적으로 받지 않고, 국왕 직속이었다. 그리고 비상시 왕의 승인 하에 다른 부대에 대한 지휘권을 행사할 수 있었다.

이러한 견룡군은 2군의 임무 승계뿐만 아니라 금군(禁軍) 안에서도 주도적인 위치로 부상하였으며, 이것은 시위군의 강화와 맥을 같이 한 왕권 강화의 일환이었다.

의종(毅宗)이 즉위하면서 외척을 억제하기 위하여 견룡군을 강화하는 정책을 폈으며, 그것을 증강시키기 위하여 출신 기반이 한미한 사람들을 선택하여 선발하였다. 이것은 의지할 만한 가문의 기반이 없었기 때문에 오직 국왕의 신임에 의존해야 했으며, 그에 따른 충성심 또한 강하였다.

그러나 내순검군의 설치에 따른 금군 안에서의 지위 약화와 정치적 후퇴로 인하여 그들이 누려온 지위를 회복하기 위해서는 극단적인 방법밖에 없었으며, 그로 인하여 무신난(武臣亂)을 주동하게 되었다. 이로 인하여 고려 시대 특수한 정치형태가 존재하게 되었으며, 왕권 강화의 수단이 오히려 역행하여 왕권을 위협하는 존재로 변모하였다는 것은 정치사에 있어서 반복되어온 것이라 할 수 있다.

VI. 고려 무신정권기의 경호

1. 무신 집권

무신 반란은 의종 24년(1170)에 일어났다. 당시 고려는 문치주의에 입각하여 무신의 사회적 입지가 약화되었으며, 경제적으로도 열세에 놓여있었다. 무신은 왕과 문신들의 호위병으로 전락하였으며, 군인전(軍人田)조차 제대로 보장받지 못하여 의종 때에 이르러 그 불만이 극도에 다다르게 되었다.

무신 반란은 국왕을 호위하던 정중부, 이의방, 이고 등이 군인을 선동하여, 의종을 폐하고 명종을 옹립함으로써 이루어졌으며, 그로 인해 정권은 문신에게서 무신으로 넘어가게 되었다.

정권을 잡은 무인들은 중방(重房)을 중심으로 그 권력을 마음대로 휘둘렀으며, 그 지위를 이용하여 경제적 이득을 취하였다. 이러한 경제적 부가 늘어남으로써, 사병(私兵)을 양성하여 무장하였다.

집권 초기 무인 반란의 3대 거두 중 하나인 이의방이 이고를 죽이고 권세를 부리자, 다시 정중부 일파에 의해 제거되었고, 그 후 다시 경대승에 의해 살해되었다.

경대승은 도방(都房)을 만들어 그 신변을 보호하려 하였지만 발병하여 죽고, 그 실권이 이의민에게로 넘어갔다가 마지막으로 최충헌이 집권하면서 무인 사이의 권력 다툼에 종지부를 찍었다.

2. 경대승(慶大升)의 도방(都房)

경대승 집권 후 소수의 무신들은 경대승을 제거하려는 움직임이 있었으며,[1] 이에 경대승은 심리적으로 매우 불안하였고, 이러한 그의 불안은 정적의 위협으로부터 비롯된 것으로 신변의 안전을 위하여 사병 조직이 필요하였다. 일부 무사들이 정중부를 찬양하며 경대승에게 적의를 나타내자 신변의 위험을 느껴 자기 집에 결사대 수백 명을 모아 긴 목침과 큰 이불로 침식 행동을 함께하게 함으로써 불의의 변을 막게 호위하였는데 이를 도방(都房)이라 하였다(경규만, 2004).

무신의 난을 일으켜 집권했던 정중부는 명종 9년(1179년) 26세의 청년장군 경대승에게 살해되었으므로 무인들 사이에는 다시 무인의 지위가 크게 떨어질 것을 우려하여 정중부를 찬양하고 경대승에게 적의를 품게 되었다. 이에 경대승은 자신의 신변을 보

1) 경대승 집권 후 어떤 무신이 말하기를 "정시중(鄭侍中)이 앞장서서 대의를 부르짖어 문신을 꺾어 누르고 여러 해에 걸친 우리들의 울분을 씻었으니 공이 더할 수 없이 크다. 이제 대승(大升)이 하루 아침에 사공(四公)을 죽였으니 누가 칠 것인가" 하였다. 이를 듣고 경대승이 두려워하여 결사의 용사 수십명을 불러 모아서 문하에 두어 경비하게 하였다(『고려사절요』 권12권, 명종 13년 7월).

호하기 위하여 결사대 백수십 명을 도방(都房)에 머물게 하였다.

경대승은 집권전 금군(禁軍)의 지휘관으로 있으면서 같은 금군의 소속원이었던 견룡(牽龍) 허승, 김광립, 준익과의 친분을 이용해 동원한 견룡군과 그의 사사(死士) 30여명을 이용해 정중부세력을 제거함으로써 정권을 장악할 수 있었다(전경숙, 1997).

도방은 단순한 신변보호조직으로만 그치지 않고 비밀탐지, 반대세력의 숙청 등에도 가담하였으며(민병하, 1973), 주인의 세력을 배경으로 약탈과 살상을 감행하였으나 경대승이 명종 13년(1183년)에 병사하자 도방은 일시 폐지되었다.

도방은 경대승에 의해 최초로 조직된 사병조직이었으며, 그 주된 구성원은 사사(死士)로 그 구체적인 신분은 알 수 없다. 이러한 도방에 대한 의존도는 상당히 높았으며 도방원과 한 이불속에서 자는 등의 성의를 보였다던가, 양가(良家)의 자식을 노상에서 살해한 문객을 당국에서 잡아 다스리려 하자 힘써 구해 풀려나게 했다는 사실에서 이를 알 수 있다(전경숙, 1997).

도방이란 말은 원래 사병들의 숙소를 가리키는 것이었으나 후에는 숙위대(宿衛隊)의 명칭으로도 사용되었으며, 도방은 일종의 사병집단제(私兵集團制)로서 경대승의 신변을 보호하는 기관으로 등장하였음을 알 수 있다. 이러한 도방의 역할은 당시 그를 위협하던 적대세력으로부터 경대승을 보호하는 것이었으며, 도방으로부터 어떤 정령(政令)이 나갔다고는 보기 어렵고 그의 사적인 기반으로 경대승 한 개인에게 소속된 것이었다(전태인, 2005).

3. 최씨 무인 정권과 경호조직

1) 최씨 무인 정권의 등장

무신란으로 인한 정권의 교체는 사회적 혼란을 야기 시켰고, 이러한 혼란 속에 최충헌(崔忠獻)이 등장하여, 이의민을 제거하고, 그 외 모든 정적 세력을 억압하여 독재정권을 수립하게 되었다. 그는 국왕의 권력을 무력하게 만들었으며, 사원 세력을 억압하고 농민과 노비들의 봉기를 진압함으로써 이 후 그의 아들 최우에 의해 무인정권의 기구가 정비되었다.

이러한 최씨 무인정권을 뒷받침하여 준 것은 그의 사병(私兵)이었다. 처음 무신란 이후에 무인들은 저마다 문객(門客)과 가동(家僮)을 무장하여 이를 사병화 하였다. 이 문객을 상층으로 하고 가동을 하층으로 하는 사병 집단은 경대승의 도방에 이르러 조직화되었고, 그것이 최충헌에 의하여 더욱 발전되었다(이기백, 2007).

최충헌 정권의 중심기관은 교정도감(敎定都監)이라는 막부였다. 그는 인사·재정·감찰권을 지닌 이 기구의 별감이 되어 모든 권력을 틀어쥐고 왕을 무력화시키기 위해 형식상으로는 왕권을 유지하였으나, 실질적으로 왕은 허수아비와 다름없었다.

2) 최씨 정권의 도방

최충헌이 집권한 후 많은 정적을 물리치고 국왕의 폐립을 자행

함으로써 주위에 적이 많이 생겼고 또한 자기 자신도 그 횡포를 잘 알고 있었기에 불의의 변을 당할까 두려워하였다. 그에 따라 최충헌은 독재 권력을 뒷받침하는 무력기반으로서 자신의 신변호위와 집권체제 강화를 위해 이전에 경대승이 설치했다가 폐지된 도방을 부활시켰다.

『고려사』에 따르면 '최충헌이 스스로 방자함을 알고서 그 변고(變故)가 뜻밖에 일어날까 두려워하여' 도방을 설치하였다고 하였다. 이를 통해서 도방의 설치목적은 신변보호임을 알 수 있다.

단순히 신변보호 뿐만 아니라 자신의 정적으로 변할 수 있는 모든 움직임을 파악하고 정권을 유지하기 위해서는 조직적이고 체계적인 군사조직이 요청되었기 때문에 자가(自家)에 도방을 설치하였다고 볼 수 있다. 따라서 그에게 경대승이 정적의 동태를 파악하고 제거하는데 이용하였던 도방은 하나의 선례가 되었으며, 그가 경대승 도방의 유용한 점들은 취하고 폐단 등은 시정하여 자신의 도방에 적용하였다고 볼 수 있다.

그러나 경대승의 도방과 다른 점은 그 규모면에서도 훨씬 크고 훨씬 더 체계를 갖춘 조직이었고, 경대승 도방 이외에 다른 군사조직도 아울러 참고하였다고 추측되며, 이와 관련된 것이 금군(禁軍)이다.

최충헌이 기존 문객들의 존재에도 불구하고 문무관, 한량, 군졸 가운데 강유력자(强有力者)를 초치(招致)하여 도방을 조직한 이유는 자신의 정권을 위협할 수 있는 금군을 약화시키는 것이 중요하다고 판단하였기 때문이라 하였다. 그 일환으로 금군의 일부를 도방에 초치함으로써 금군이 정치적으로 이용되는 것을 막고 반대로 이들을 자신의 정권 유지를 위한 도구로서 이용할 수 있다고 하였다. 도방의 조직 이후 금군은 그 이전에 비해 정치적으로 무력화하였으며, 도방이 금군보다 정치적으로 중요한 위치를 점하였다(김당택, 1987).

보통 국왕이 왕권을 강화시키고자 할 때는 자신과 가장 밀접한 군대인 금군을 강화시키는 방향으로 나아가게 된다. 마찬가지로 최충헌 역시 자신의 입지와 권력을 더욱 확고히 하기 위해서 자신과 가장 밀접한 군대를 조직하고 강화시키는 방향을 취하였다. 이것은 최충헌이 도방을 통해서 숙위와 호위 즉 신변보호 뿐만 아니라 자신의 권력을 극대화 시키려 한 것을 보여준다(이경혜, 2001).

이러한 도방은 공적인 임무에도 활용되기도 하였지만, 최씨가의 사적인 기구인 만큼 어디까지나 최씨 정권 유지에 필요한 경우에 한하였던 것으로 국가 비상사태가 발생하더라도 경우에 따라서는 간여하지 않았으며[2], 어떠한 국가적 위기에도 불구하고 최씨 정권의 보위와 안전을 위해 사용되고 있는 것으로 보아 사병으로서의 도방의 효용과 그 본질이 무엇인가를 느낄 수 있으리라 생각된다(이관배, 1988).

최충헌은 문무관·한량·군졸을 막론하고 기운이 센 사람을 불러들여 6번(番)으로 나누어 매일 교대로 그의 집을 수직(守直)하게 하고, 그가 출입할 때는 6번이 모두 합하여 호위하였기 때문에 그 위세는 마치 전쟁에 나아가는 것과 같았다. 그래서 최충헌의 도방을 6번도방이라고 하였다.

그 후 최충헌의 6번도방은 그의 아들 최우 때에 한층 더 강화

---

2) 몽고의 침입시 몽고군이 개경에 박두하여 수도의 민심이 동요하자, 최우는 김약선과 더불어 그의 가병으로서 자위하였는데, 이무렵 수도를 지키는 자는 노약한 남녀뿐이었다 한다(『고려사절요』 16 고종 18년 11월).

되었다. 최우는 집권하기 이전부터 수많은 사병을 거느리고 있었다. 그가 집권하고 나서 6번도방을 내외도방(內外都房)으로 확장 강화하였다.

내외도방의 편성은 최우가 집권하기 이전부터 거느리고 있던 사병으로 내도방을 조직하고, 부(父) 최충헌의 도방을 계승하여 외도방을 조직한 것으로 추측된다. 이리하여 내도방은 최우와 그의 저택의 호위를 맡게 하고, 외도방은 그의 친척과 기타 외부의 호위를 맡게 한 것으로 짐작되며 또 내외도방은 각각 6번으로 편성하였던 것으로 생각된다(전태인, 2005).

자신의 정적을 제거하면서 정권이 안정된 기반 위에 성장할 수 있었던 최우의 집권 시에는 어느 정도 여유를 가질 수 있었으므로, 최우 때의 내외도방은 각각 6번으로 편성되어 교대로 밤새워 지켜 숙위하는 것 이외에, 반란을 일으키는 무리의 정벌 및 외적의 방어, 토목공사에 동원, 비상시의 비상경비 등도 맡았다. 이러한 도방은 최우의 아들 최항에 이르러 그 분번제(分番制)를 더욱 확장하여 36번으로 조직하였다. 이 도방 36번의 편성은 최우 때의 내외도방을 통합하여 확장한 것으로 보이며, 병력은 부대(父代)의 것을 계승하고 다시 그가 집권하기 이전부터 거느려 오던 사병을 편성한 것이 틀림없다. 그리고 이러한 확장은 그 당시 몽고와의 전쟁이 절정에 달하여 군사력 강화의 필요성에서 취해진 조치라 할 수 있다(전태인, 2005).

이 36번 도방은 최항의 아들 최의에 의해 계승되었으나, 고종 45년(1258년) 불과 집권 2년 만에 살해되어 최씨 정권이 몰락됨으로써 도방의 병력을 왕권 밑에 흡수되는 듯 하였으나 그 후 집권자인 김준·임연 등에 의해서 다시 계승되어 신변호위 기능을 하였다. 이들이 제거되면서 정중부 이래의 무인정권이 완전히 막을 내리게 되었던 것이다.

4. 최씨 정권의 특수경호조직

1) 가병(家兵) 조직

가병은 도방과의 관계에 있어서 그 독립성에 의문이 제기 된다. 가병이 말 그대로 최씨가의 병사를 뜻한다면 큰 범주에서 도방 역시 가병에 속할 수 있다.

그러나 가병과 도방이 별개의 조직이라는 견해에 따르면 도방 조직 이전에 최충헌이 정권쟁탈과정에서 사용했던 사병이 도방의 조직과 더불어 거기에 흡수되었을 가능성도 배제하기 어려우나, 도방이 조직된 이후에도 도방과는 다른 가노(家奴)들을 중심으로 한 사병조직이 존재했던 사실로 미루어 대부분은 가노와 함께 최씨 사병의 핵심적인 존재인 가병으로 남아 있었다는 것이다(김당택, 1983a).

도방의 구성원들은 문무관리, 한량, 군졸 가운데서 강유력자들이 초치되었으며, 한량을 제외하면 모두 중앙관직을 지니거나 중앙군의 소속을 지닌 사람들이다. 그러나 가병은 국인(國人)들 가운데 은병(銀甁)을 내걸고 공개모집하여 그 구성원에 있어서 도방과 차이가 난다.

가병의 핵심 역할은 정적 또는 반대하는 세력의 처단, 위기시의 호위임무이며, 최씨가의 위험이 가시화되었을 때 가병이 동원되었다. 이에 반해 도방은 그 주된 임무가 최씨무인집정의 신변

호위, 최씨가의 숙위, 정보의 수집 등으로 최씨가의 안위와 밀착된다는 점에서는 가병과 같지만, 도방은 주로 사전의 위험을 감지하거나 위험을 예방하는 차원에서 호위의 역할을 하였고, 가숙위(家宿衛), 지근거리에서의 신변호위, 정보의 수집 등의 역할은 불의의 사태를 대비하기 위한 것으로서, 위험이 가시화 되었을 때 정적을 제거하기 위해 동원되는 가병의 역할과는 다른 성격의 것이라 할 수 있으며, 최씨가 도방을 설치한 이후에 가병을 조직한 것은 도방이 미처 수행하지 못하는 어떤 역할을 가병에 기대했기 때문일 것이다(전태인, 2005).

도방이 있음에도 불구하고 가병을 설치한 것은 최씨가에 반하는 어떠한 상황이 발생하더라도 그에 대비할 수 있는 대규모의 사병조직을 필요로 하였기 때문이라고 볼 수 있으며, 도방원들을 통해서 정당성과 명분을 얻는 동시에 공·사적 측면 모두에서 활동 범위를 넓힐 수 있는 반면에 위험이 드러났을 경우에는 도방보다는 가병을 이용하여 위험의 대상을 제거하는 것이 효과적이라고 보여진다.

도방은 최씨 무인집정을 호위하는 경호부대이면서 동시에 최씨가의 안위와 관련되는 정보와 전략을 다루는 특수부대로, 가병은 최씨가를 위해 실제적으로 움직이는 기동부대로 이해할 수 있으며, 결국 최씨가는 도방을 통해 걸러진 정보로서 가병을 움직여 위험세력을 제거하는 방법으로 정권의 안정을 꾀하였다(이경혜, 2001).

활동의 폭이 넓은 도방은 정적감시 및 정보수집, 호위·숙위 등의 역할을 함과 동시에 도방에 예속되어 각 기관에 분포된 자들을 통해 각 집단의 동향을 살피고 위기에 대처할 수 있었으며,

이러한 도방으로부터 나온 정보를 바탕으로 가병을 통해 위험세력을 제거하거나 반란군을 진압토록 하였고, 주로 위험이 가시화되었을 때 가병 조직을 이용한 것으로 볼 수 있다.

2) 별초군(別抄軍)[3]

(1) 마별초

최씨 정권의 사적 친위조직으로서 도방과 가병 이외에 마별초를 창설하였다. 이러한 마별초는 도방과 함께 호위기관으로 기병(騎兵)과 보병(步兵)의 양쪽 날개를 이루어 병칭적(竝稱的)으로 나타나고 있다.

마별초는 최우가 몽고의 영향을 받아 설치한 기병대로서 최씨 정권이 몰락한 후에는 보이지 않는 것으로 보아 최씨 정권 몰락과 더불어 해체된 것으로 보인다. 마별초도 정방이나 서방과 같이 몽고와의 관계가 긴장되어 시국의 긴박감을 느끼게 된 최우가 그의 집권체제의 강화를 도모하는 가운데 몽고의 제도를 참작하여 조직한 것인데, 그 명칭이 의미하듯 기병의 별초인 것이다. 마별초도 도방과 함께 최씨 정권의 사병의 일종이었다. 이와 같은 사실은 「고려사절요」에서 엿볼 수 있다. 즉 고종16년(1229) 11월에 최우가 사병을 사열하였는데, 그 때 도방과 마별초의 안마·의복·궁검·병갑 등이 사치스럽고 아름다웠다는 내용으로 보아 마별초가 도방과 함께 사병으로서 사열의 대상이 되었다는 점을 확인할 수 있다(송병문·민재기, 2005).

마별초와 도방은 기병과 보병으로서 나란히 최씨 정권의 호위

3) 별초란 가려서 뽑은 특수부대를 의미한다.

조직으로 양쪽 날개와도 같은 것이었다. 즉, 도방은 보병의 기능만 가지고 있었는데, 마별초가 조직되면서 기동력이 강한 기병까지 갖추게 되었던 것이다. 마별초가 사치스럽고 아름다웠다는 내용으로 보아 호위 조직으로서의 사명뿐 아니라, 의장대로서의 기능도 하였던 것이다(장철원, 2003).

마별초는 최우가 그의 집권 시기에 몽고와의 관계가 긴장되어 있는 시대적 배경과, 집권체제의 강화를 위해 몽고 기병의 영향을 받아 설치한 것으로 보이며, 기병으로 조직된 특선병대(特選兵隊)로서 최씨 정권의 사병으로 신변보호 및 의장대로서의 임무를 다하면서, 최우 이후에도 최항, 최의 때까지 존속되었으나, 최씨 정권이 몰락한 후에는 기록이 보이지 않은 것으로 미루어, 최씨 정권의 몰락과 더불어 해체된 것으로 보인다(이관배, 1998).

(2) 삼별초(三別抄)

삼별초는 고종 때 최우가 조직한 야별초가 좌별초, 우별초로 나누어지고, 여기에 신의군을 합하여 만들어진 것이다.[4)]

본래 야별초는 최우 때 방범순찰이 목적이었으나, 뒤에 몽골에 잡혀갔다가 도망해온 자들로 신의군을 구성한 후, 즉 삼별초가 조직된 후부터는 군사와 경찰 그리고 형옥에 이르기까지 그 기능을 발휘하였다.

그러나 한편 야별초 내지 삼별초는 친위대로서의 구실과 도성

4) 처음에 최우가 국중(國中)에 도적이 많은 것을 근심하여 용사를 모아 매일 밤 순행하며 폭행을 막게 했으므로 인하여 야별초라 이름하였는데, 도적이 제도(諸道)에서 일어남에 미쳐 별초를 분견하여 잡게 하였던 바, 그 군사가 심히 많아져서 드디어 나누어 좌·우(별초)로 삼았다. 또 국인으로서 몽고로부터 도망하여 온 자를 일부로 삼아 신의(군)이라 불렀으니, 이것이 삼별초이다(『고려사』 권81, 병지1, 병제 원종 11년 5월 조).

의 수비도 맡았는데, 고종 40년(1253년)에 몽골 사신 몽골대 등을 맞이하기 위하여 왕이 강을 건너 승천부의 새 대궐에 나아가 그를 맞이하였을 때 야별초 80명이 평복 속에 갑옷을 입고 뒤를 따랐던 바 있고, 원종 원년(1260년)에 뒷날 충렬왕이 된 태손이 문·무 백관과 더불어 삼별초의 정예부대를 거느리고 제포에 나아가 몽골에 갔다 돌아오는 원종을 맞이한 바 있다.

도방이 최씨 가(家)의 신변 호위를 주된 목적으로 한 데 대해서, 삼별초는 경찰, 전투 등의 공적인 임무를 띤 것이었다. 6위가 담당해야 할 것과 같은 임무를 맡은 삼별초라는 별개부대를 새로 조직해야 했던 것은 6위의 관군이 유명무실하게 된 증거이다.

그러므로 비록 삼별초가 국가의 재정에 의하여 유지되고 또 공적인 임무를 맡았다고는 하나, 실제에 있어서는 최씨의 사병과 같았다.[5] 무인정권의 몰락과 함께 삼별초가 해체되었다는 것은 이를 증명해 준다고 하겠다(이기백, 2007).

5) 삼별초가 권신(權臣)에 의하여 설치되고 이용되기는 하였지만, 그들의 녹봉(祿俸)이 국가에서 지출되었으니 만큼 단순한 사병으로는 볼 수 없다는 견해(민병하, 1973)가 있다.

VII. 고려 후기 경호제도

1. 원(元) 시위군제(侍衛軍制)의 수용

1) 2군6위의 붕괴

무신집권기를 통해 중앙의 2군6위제는 붕괴되었으며, 대몽 전쟁 또한 그것을 가속화 시켰다. 전쟁 직후 중앙군의 정원은 채워지지 못했으며, 장교층 조차도 그 수가 크게 감소하여 보충하지 않으면 안 되었다. 또한 2군6위의 직에는 무직(武職)과 관계없는 인물들이 청탁에 의해 충당됨으로써 그 기능은 약화되었고, 근시(近侍)·충용(忠勇) 등이 친위역할을 담당하면서 허설화 되었다. 이에 따라 2군 6위제도, 특히 번상제(番上制) 붕괴로 인하여 그 기능이 상실되거나 허설화 되어 도성시위의 기능은 거의 상실되고, 장교층을 중심으로 한 일부 친위(親衛) 기능만이 명목상 유지되었다(권영국, 1994).

2) 겁설제(怯薛制)와 순군만호부(巡軍萬戶府)

(1) 겁설제의 도입과 국왕 경호

원(元) 간섭기에 들어오면서 2군6위의 군사적 기능은 거의 찾아볼 수 없게 되었으며, 고려 본래의 숙위군(宿衛軍) 체계는 붕괴되어 명목상 존재할 뿐이었다.

특히 원의 숙위제도였던 겁설제가 도입되었는데 이는 국내 기반이 취약했던 충렬왕(忠烈王)이 원에 머물렀을 때 시종한 인물을 중심으로 조직하였다.

겁설은 국왕 측근세력의 하나로서 충렬왕의 무력기반 확보와 밀접한 관련을 갖는다고 볼 수 있다(권영국, 1994). 이는 무신집권기 동안 집권한 무신에 의해 사적으로 군사조직이 이루어져서 국왕에 대한 친위조직은 와해되었기 때문이다.

이러한 겁설의 구성조직은 원나라에 인질로 간 의관자제(衣冠子弟)들로서 이중 홀치(忽赤)는 군사조직이지만 나머지는 국왕의 여러 잡무를 보좌하는 근시기구의 성격을 가졌으며, 이는 무신과 군인층으로 구성된 견룡군(牽龍軍)과는 크게 차이를 보인다.

여기에서 홀치는 『고려사』에 따르면 국왕 직속의 숙위군, 즉 경호 임무를 담당하였던 조직으로서 3번(番)으로 나뉘어 교대로 국왕을 숙위하였고, 국왕의 행차 시 호종하였으며, 비상시에는 전장에 차출되거나, 경우에 따라 경찰 기능도 수행하였다.

(2) 순군만호부(巡軍萬戶府)의 설치와 수도경비

무신집권기와 대몽전쟁을 통하여 도성시위군(都城侍衛軍)인 2

군6위가 붕괴되면서 원의 군사제도인 순군만호부가 설치되었다.

순군만호부는 순마소(巡馬所)가 개편된 것으로서 순마소는 방도금란(防盜禁亂)이 주된 기능이었으며, 치안유지를 위한 본연의 임무 이외에 왕권에 봉사하고 권신에게 이용되었으며, 간신배들을 물리치는 도구로 이용되기도 하였다. 그 뒤 순마소는 충렬왕 26년 12월에서 33년 3월 사이에 순군만호부(의금부)로 개편되었고, 이를 흔히 순군부라 통칭하였다(한우근, 1961).

이는 수도 개경의 중앙군으로서의 역할 뿐만 아니라 사법과 치안을 담당한 경찰의 역할까지 수행하였으며, 번상시위제(番上侍衛制)의 붕괴로 인하여 이러한 순군만호부가 수도 경비의 기능까지 함께 담당하였다.

순군만호부는 원나라 세력에 지배를 당하는 동안에는 흔히 왕권을 싸고도는 정쟁의 도구가 되었고, 한편 원래의 방도금란의 역할을 하기도 하였기 때문에 그것은 또한 왕가를 위시한 세력가들에게 추종 봉사하는 기관이나 다름이 없었다.

순군만호부는 공민왕의 반원정책에 의해 원나라 세력을 배제하고 국권과 왕권을 회복하는 과정에서 부원 세력인 기씨 일파를 타도하는데 일역을 담당하기도 하였으나, 공민왕 14년(1365) 이후 신돈에게 정사(政事)가 넘어가자 순군만호부는 신돈 자신의 사적인 기구로 변하면서 더 이상 유지될 수 없었다(장철원, 2003).

순군만호부는 이후 사평순위부(司平巡衛府)로 바뀌었으며, 우왕 때에 다시 순군만호부로 개편되었다. 그 후 순군만호부는 최영·이성계 세력에 의하여 장악되었으며, 정권의 추이와 더불어 반대파 제거에 이용되는 등 우왕 개인의 사적 도구로 활용되었던 것이다.

순군만호부의 명칭 자체는 조선이 건국된 후에도 얼마동안 계승 존속되다가 순위부(巡衛府)·의용순금사(義勇巡禁司)를 거쳐 왕의 직속 사법기관인 의금부(義禁府)로 바뀌었다.

순군만호부는 원의 군사가 철수함으로써 생긴 고려 군사에 대한 통제력 공백에 대한 대비로서 그에 대한 영향력을 행사하기 위해 설치된 것인바, 공민왕 이전까지는 무신집권기 이전 의 고려 본래 군사 조직으로는 정비되지 못하였다.

2. 2군6위의 복구와 충용위(忠勇衛)

14세기 후반 공민왕(恭愍王)이 즉위하면서 원 간섭 배제와 개혁이 시도되었고, 이를 뒷받침하기 위하여 군사제도를 정비하기에 이르렀다. 또한 원(元)의 정치적 약화와 홍건적과 왜구의 침입으로 인하여 그러한 군제 개편은 가속화되었다.

공민왕 초기에는 군제 개편에 대한 기반이 약하였기 때문에 국왕 친위조직인 겁설(怯薛)을 그대로 이용함과 동시에 충용위(忠勇衛)를 조직하여 무력 기반을 강화하였다.

충용위는 4개의 위(衛)로 조직되었으며, 각 위는 장군 1인, 중랑장·낭장 각 2인, 별장·산원 각 5인, 위장 20인, 대정 40인 등으로 구성되었으며, 주 임무는 친위군으로서 국왕과 왕실의 호위·경호를 담당한 금군(禁軍)이었다.

그러나 충용위의 경우 공민왕 10년에 이르렀을 때는 수행 군사가 한명도 없을 정도로 허설화 되었으며, 공민왕 12년 5월부터 시작된 원의 공민왕 폐립과 덕흥군(德興君)의 침입으로 인해 왕권 약화에 대한 조치로서 중앙군을 강화하기에 이르렀고, 이를 위해 8위(衛) 번상시위제의 복구를 시도하였다.

그러나 고려 말에 이르기까지 정기적인 번상시위제는 복구되지 못하였다. 다만 조선왕조 수립 이후 10위(衛)가 성립되었는데 그 기반이 바로 이러한 8위 체계가 계승되었기 때문에 가능하였다고 볼 수 있다.

3. 성중애마(成衆愛馬)

공민왕 대에 이르러 군사제도에 대한 개혁이 시도되었지만 숙위제도인 겁설제(怯薛制)는 그대로 유지되고 있었다.

견룡군과 같은 무신집권기 이전의 숙위군은 고려 후기에 이르러 거의 해체되거나 명목만 유지되었을 뿐 다시 복구하기는 현실적으로 어려웠으며, 겁설이 조직된 이후에는 기존의 숙위부대는 거의 소멸되었다.

『고려사』에 따르면 겁설 조직 중 숙위군(宿衛軍)으로서의 성격이 강한 홀치(忽赤)와 내시(內侍)·다방(茶房) 등 근시(近時) 조직을 모두 성중애마(成衆愛馬)라 통칭하였다.

이러한 성중애마란 명칭은 내시·다방 등 문반 소속의 근시직(近時職)을 담당한 성중관(成衆官)과 원 간섭기 숙위기구인 홀치 등의 애마(愛馬)가 설치되면서 그 둘이 합칭(合稱)되어 연유하였다. 즉 성중애마는 원 간섭기 이후 국왕의 숙위와 근시의 임무를 담당하는 문무관인층(文武官人層)을 통칭하는 용어로 사용되었던 것이다(김창수, 1966).

초기 성중애마는 숙위 임무와 국왕 보좌의 근시 임무가 분리되었으나, 숙위병력의 부족으로 인하여 문무반 구별 없이 다른 근시 기구들도 점차 무장하여 숙위군으로서 역할을 하게 되었고, 그 역할이 모호하게 변한 것일 가능성도 크다.

성중애마는 군사적인 성격이 강한 숙위기구이나 그 선발에서 출신 · 용모 · 재주 등이 중시되고 있어 무예나 신체조건을 특히 중요시 하는 순수한 숙위군사와는 차이를 보인다(권영국, 1994).

성중애마는 공민왕 이후 잦아진 왜구의 침입에 대비해서 전투에 동원되는 경우도 많았으나, 궁실의 숙위를 위하여 강화되면서 일반 군사들과는 그 성격을 달리하였다. 즉, 성중애마는 전투에 대비하는 순수한 전투부대가 아니라, 왕을 측근에서 모시는 근시의 임무를 맡았기 때문에 상당한 교양을 필요로 하였다. 그래서 성중애마는 관인신분으로 간주되어 일정한 기간의 근무를 마치면 다른 관직으로의 진출이 보장되었던 것이다. 그러므로 성중애마는 순수한 직업적 전투부대는 아니었으나 군사력을 보유하고 있었기 때문에 중앙의 군사력의 일익을 이루고 있었다(장철원, 2003).

공민왕 대에 이르러 이러한 숙위기구는 6국(局)에 병합하여 고려 전기의 숙위제도를 복구하려 하였으며, 우왕 4년 10월에는 홀치가 근시4위(近侍四衛)로 개편되었다.

이러한 공민왕 대 이후 숙위군에 대한 8위체제로의 변환 시도는 고려 전기의 2군6위 체제의 복구를 위한 것이지만, 애마(愛馬)라는 명칭은 조선 초에 이르기까지 존속하고 있었던 것으로 보아 실현되지 못한 것으로 보이며, 성중애마는 조선 초 5위(衛)

체제 정비로 인한 별시위(別侍衛) 설치와 세조(世祖) 대의 관제 개혁으로 혁파되었다.

Further Study

고려시대 공경호와 민간경호

1. 공경호 - 금군(禁軍 : 견룡군을 중심)

1) 구성 : 유풍채자(有風彩者 : 풍채와 용력을 갖춘 자)

2) 역할 : ① 국왕 호종(扈從) 및 시위(侍衛)
② 궁성 숙위(宿衛)
③ 의장(儀仗) : 왕의 권위와 위용 상징
④ 정보 수집 및 사찰

3) 정치적 기능
① 국왕의 신변 보호뿐만 아니라 왕권 강화의 일환
② 국왕 직속의 별개 부대로 국왕 개인에게 임무가 집중됨

2. 민간경호 : 최씨(崔氏) 도방(都房)

1) 구성 : 강유력자(强有力者)

2) 역할 : ① 최씨가 호위 및 숙위
② 정보 수집
③ 무예 과시 및 최씨의 위용 상징

3) 정치적 기능 : ① 최씨 일가에 대한 신변보호
② 정규군이 아닌 최씨가의 사병적 집단

3. 비교

1) 공통점 : ① 호위 및 숙위 기관
② 권력 강화의 기반
③ 정치적 영향력 행사
④ 정치적 성장의 지름길

2) 차이점

① 금군의 경우 국왕 직속의 시위부대로서 공경호 조직이지만 도방의 경우 최씨 일가만을 보호하고 정권을 유지하기 위한 개인 사병적 조직으로 민간경호 조직

② 금군의 경우 그 체계는 바뀌지만 국왕 시위부대로서의 국가 기관으로 명맥이 유지되지만 도방 등 최씨의 민간경호 조직은 삼별초의 몰락과 함께 자취를 감추게 된다.

VIII. 조선 전기 군사제도와 경호

1. 의흥친군위(義興親軍衛)와 10위(衛)

조선 건국 초 중앙군은 고려의 2군 6위에 의흥친군좌 · 우위(義興親軍左 · 右衛)를 신설하여 10위 체계를 갖추게 되었으며, 이러한 10위의 핵심 병종은 바로 갑사(甲士)이다.

그리고 의흥친군위는 고려말의 도총중외제군사부(都總中外諸軍事府)를 이성계가 즉위하자마자 바꾼 것으로 그 지휘는 왕자를 비롯하여 종친과 훈신 가운데 극히 제한된 일부 사람들에게만 맡겨졌다. 이로 볼 때 의흥친군위는 조선 건국과 더불어 설립된 10위의 핵심이었지만, 왕실의 사병적 성격을 갖는 것으로서, 그 임무는 궁성을 숙위하고 왕을 호종하는 것이 가장 중요한 것이라 할 수 있다(김두현, 1995). 즉, 10위의 실체는 왕실과 훈신들의 사병적 성격을 가진 시위패(侍衛牌)였다.

이러한 특수한 성격의 조직 형태는 태조 2년 의흥삼군부를 설립함으로써 사병적 성격의 중앙군을 개혁하기에 이르렀으며, 10위의 명칭을 10사(司)로 고치고, 3군에 분속하게 하였다.

이에 따라 의흥삼군부는 기존의 숙위 기능을 가진 시위패를 모두 흡수함으로써, 독립적인 통제권을 가지게 되었다. 또한 10사는 4시위사(侍衛司)와 6순위사(巡衛司)로 나누어져, 기능별로 4:6으로 나누어졌다. 하지만 이때까지 사병적인 시위패에 대한 실질적 감독 및 규제는 되어있지 않았다.

이러한 사병은 정종 대에 이르러 왕자의 난 뒤 실권을 가지게 된 이방원으로 인해 사병이 혁됨으로써 시위패는 모두 실질적으로 3군부에 귀속되기에 이르렀으며, 이러한 사병 혁파는 곧 왕권 확립의 일환으로써 이에 따라 왕실 경호조직에 대한 정비가 이루어지게 되었다.

태종 9년 10사는 9시위사와 1순위사로 개편되었으며, 이에 따라 왕궁 시위에 집중하게 되었다.[1)]

그 후 태종 18년 세자에게 양위를 함으로써 상왕 태종과 주상인 세종의 양왕(兩王)을 분담하기 위해 12사로 확대되었으며, 이것은 태종이 승하함으로써 2사가 폐지되었고, 문종 1년(1451)에 다시 5사로, 그리고 다시 세조 3년(1457)에 5위제도로 개편되었다. 이러한 5위제도는 조선 전기 중앙군제로 정비 · 확립되었다.

2. 금군(禁軍)

여기에서의 금군은 왕의 친위병(親衛兵)이며, 5위 체계가 형성되면서 5위군(五衛軍)과 구분된 병종(兵種)이라 할 수 있다. 5위군도 중앙군으로서 왕권 수호를 위한 금군으로의 역할을 하나 엄

1) 시위 중심으로 변화할 수 있었던 것은 당시 경찰 업무를 담당했던 병력으로서 도부외(都府外)가 강화되었기 때문이다.

밀히 말해서 5위군의 핵심인 갑사는 궁성 수비에 집중된 것으로 보아 내금위와 겸사복 등의 친위병종과는 구별된다고 할 것이다. 하지만 위군 중에도 별시위와 같이 국왕 근접 호위를 담당한 병종이 있으며, 여기에서는 일반적인 경호 조직으로서 왕 및 왕실 호위의 기능적인 역할에 따라 위군 중 경호적 범주에 속하는 조직들도 함께 살펴보고자 한다.

1) 5위군(五衛軍) 내 경호 조직

5위군의 핵심 병종으로 갑사(甲士)가 있었으며, 정종 대에 사병이 혁파됨에 따라 설치되어, 시위 중심의 10사로 개편되면서 태종 18년에 정식 직첩(職牒)이 내려졌고, 1년에 두 번씩 양반 자제들 중 시험으로 선발하였다. 또한 10사 체계에서는 1사 5령(領)의 50령 중 각 1령에 20명씩 배속되어 국왕 호위와 수도 경비를 담당하였으나, 금군이 내금위, 별시위, 겸사복 등으로 확대 정비됨으로써 그 기능이 궁성 및 도성 경비·순찰에 한정되었다.

그리고 5위군 내 가장 대표적인 경호 조직으로 별시위(別侍衛)가 설치되어 있었으며, 가장 중요한 임무는 바로 국왕 근접 호위였다.

별시위는 태종 즉위년(1339)에 처음 창설되었는데, 이것은 고려 말 국왕 호위조직이었던 성중애마가 혁파되어 삼군부에 소속시킴으로써 성립되었으며, 기병종(騎兵種)으로서 기인마(騎人馬)를 준비할 수 있는 재력가만을 가려서 시취(試取)하였다.

세종 말 이후 내금위, 갑사, 별시위 선발을 동일한 과목으로 동시에 실시하여 성적순에 따라 병종을 달리해서 선발하였는데(이충수, 2004), 『경국대전(經國大典)』에 따르면 수는 그리 많지 않으나 갑사보다도 오히려 우위에 두고 있고, 전원이 체아직을 받고 있다.

그 규모는 세종 즉위년(1419) 12월 당시 4번 각 50인 모두 200명이었다. 그 후 세종 중엽 이후 인원수가 늘어 3,000에까지 이르지만, 왕의 측근에서 시위하는 성격을 그대로 유지하고 있었다. 또한 별시위는 성중관(成衆官)으로 지칭되면서 일반군사와는 달리 취급되기도 하였는데, 이는 왕의 측근을 시위하는 특수 군종의 하나였기 때문이다(장철원, 2003).

별시위는 왕 이외 중요 인물의 호위도 담당하였으며,[2] 국가 중요 의식(儀式)에도 참가하였다. 또한 비상소집 훈련인 취각령(吹角令)에는 갑사·내금위와 함께 국왕을 시위하였으며, 이외에도 야인 정벌 참여와 도성 순찰 등의 경찰 활동도 겸하였다.

2) 국왕 친병(親兵) 조직

5위로 개편된 중앙군은 서울에 있는 거의 모든 병종을 포함하였지만, 내금위·겸사복·우림위 등의 왕의 친병 계열의 병종은 소속되지 않았다. 이는 5위제도가 확립됨으로써 친병과 위병의 구분이 명확하게 나타났기 때문이며(강성문, 1993), 이에 따라 위군은 수도 경비에 중점을 두고, 친병은 말 그대로 금군으로서 국왕 및 왕실 경호를 담당하게 되었다.

2) 태종 대에 태상왕인 태조의 함경도 행에 호종하였으며, 명의 사신이 왔을 때도 호위하였다.

(1) 내금위(內禁衛)

내금위는 태종 7년(1407)에 궁중 숙위를 담당한 내상직(內廂職)을 개편한 조직으로, 60~90명의 소수 정예 부대이며, 내금위장(內禁衛將)[3]의 통솔 하에 왕의 최측근에서 신변호위를 담당하였다. 세종 6년에는 내시위(內侍衛)[4]가 통합되어 최종 190명으로 확대되었다.

내금위는 양반 자제들로 구성되었으며, 교대 병종이 아니라 장기간 궁중에 입직 숙위하는 장번군사(長番軍士)였기 때문에 그 대우에 있어 다른 병종보다 우위를 점하였다 또한 무재가 뛰어난 자들 중 국왕이 신임하는 요원들로만 조직되어 전원 체아직을 받았다.

(2) 겸사복(兼司僕)

겸사복은 고려 병조(兵曹) 속아문(屬衙門)인 궁중의 가마·말·외양간 및 목장에 관한 사무를 맡았던 사복사(司僕寺)와 관련되어 신설된 것으로서, 마(馬)를 관할하는 사복시에서 말에 대한 수발만이 아니라 세자의 경호까지 담당하게 되면서 하나의 병종으로 자리 잡았던 것으로 추정된다.[5]

---

3) 또는 내금위절제사(內禁衛節制使)

4) 내시위(內侍衛)는 태종 9년(1409)에 신설되었으며, 좌·중·우 3번의 120명으로 국왕의 시위를 담당, 양반출신에서 발탁되어 내금위와 그 직책·임무가 유사했다. 그 후 세종 6년(1424) 5월에 이르러 내시위는 내금위 설치 이후 내금위의 예에 의거하여, 1번에 위군 30명과 절제사 2명을 두었는데 입번하는 군관의 수가 적고, 절제사 2명을 차출하는데 무리라고 판단했기 때문에 내금위로 통합하였다.

5) 태종 18년(1418) 당시 사복시가 세자의 출입에 중요한 위치를 차지한 것으로 보아 겸사복과의 관련성을 알 수 알 수 있으며, 세자의 호위와 관련 있다고 추정한다(김

내금위와 더불어 근시군사(近侍軍士)로 왕의 측근에서 근무하는 금군 중 하나로서 인원 및 지위가 내금위와 유사한 장번 군사로 추정된다.

겸사복의 가장 큰 특징은 사회적인 신분보다 무재(武才)인 무예(武藝)와 용력(勇力)을 더 중시하여 이를 구성한 계층이 양반에서 서얼·양민·천민 등 다양한 계층이 참여하였으며, 선발규정은 내금위에 준하였다.

이러한 겸사복은 국왕 친위병으로 내금위와 더불어 국왕의 시위를 담당했으며, 신변보호를 위한 엄격한 시위(侍衛)·배종(陪從) 또는 수가(隨駕)·의장(儀仗)과 왕궁호위(王宮護衛)를 위한 입직(入直)·수문(守門) 등을 행하여 그 신임도가 높았다.

(3) 우림위(羽林衛)

우림위는 내금위·겸사복 등 금군의 빈번한 서북 변방 파견복무로 인한 금군 부족을 해결하기 위해 성종 23년에 창설된 것으로, 서얼 출신의 중앙 관계 진출을 보장하기 위해 그 구성 요원은 무재가 있는 서얼 출신자들이었다.

초기에는 교대 근무하였으나 이후 장번 근무로 바뀌었으며, 지위는 내금위나 겸사복만은 못했으나 갑사 또는 별시위 보다는 우위였다. 또한 우림위장(羽林衛將) 3명에 의해 통솔되었고, 이들의 선발과 훈련은 내금위의 예에 준하였다(이충수, 2004).

우림위 편제는 종2품의 우림위장 3명으로 타관이 겸할 수 있었으며, 첩자(妾子)로 구성된 특수병으로 우림위 50명(종4품~종9품)으로 장번(長番)을 하였다. 그리고 서리(胥吏)인 녹리(錄吏)

두현, 1995).

2명과 서리(書吏) 3명으로 한 총 58명으로 구성되었다(장철원, 2003).

3. 조선 초기 왕권 강화와 금군(禁軍)

금군은 왕을 직접 호위하는 친위병으로 중앙군과는 별도로 편제된 정예군이다.

고려말 이러한 금군인 성중애마는 조선 초에도 존치되었지만, 태종의 사병혁파와 더불어 내금위(內禁衛), 내시위(內侍衛) 등 왕의 친위병적 성격을 띤 병종들이 생성되면서 이에 흡수되었다.

또한 5위 체계가 확립됨에 따라 이러한 금군은 중앙군과는 별도의 특수병으로서 실질적으로 5위체계에 편제된 것은 아닌 것으로 보아 바로 왕의 직속 부대로서 왕권강화의 일환으로 볼 수 있다.

건국 초의 사병적 성격을 가진 중앙군은 왕권강화책과 병행하여 금군으로서의 성격이 두드러지게 나타났으며, 태종대에는 금군과 국방군을 엄밀히 구분하고 금군인 갑사는 중앙에서 시위·순작(巡綽)의 임무에만 전념하여야 했고, 이는 곧 금군으로서의 성격이 강하게 나타난다고 볼 수 있다. 또한 금군은 국방임무와 구분되어 별도의 체계 속에 존재하였다.

금군으로서의 중앙군의 임무는 궁궐의 시위와 경성의 순작(巡綽)이었다. 십위·십사·십이사의 변천을 겪는 과정에서 그 임무를 담당하는 군사는 주로 갑사였으며, 별시위·내금위·내시위 등 증설되는 여러 병종의 군사도 모두 왕의 측근에서의 시위하는 임무를 행하였다. 이러한 시위·순작 및 숙위뿐만 아니라 왕의 행행(行幸) 시에 왕을 호위하는 일도 중앙군이 맡은 중요한 임무였다. 왕을 얼마만큼 가까운 곳에서 호위를 하느냐에 따라 병종의 성격이 확연히 달랐고, 그에 따른 대우도 판이했다. 또한 금군은 국방임무와는 성격이 달리한 정치적 안정을 위한 군사였다고 할 수 있다.

조선 건국 초의 십위가 십사·십이사·십사 등의 변천을 겪으면서 정비되고, 기간병력으로서의 갑사 병종의 확립 및 여러 병종의 증설을 통하여 중앙군이 확장되는 과정은 곧 금군으로서의 중앙군이 강화되는 것으로서 이는 곧 왕권이 확립되어 강화되었다는 것을 보여준다(장철원, 2003).

Further Study 조선 건국 초 사병(私兵)과 경호

사병이란 권세를 가진 개인이 사사로이 길러서 부리는 병사로서 국가의 공적인 군제에 포함되지 않고 특정한 개인 또는 집단에 사적으로 예속되어 그 대가로 일정한 재화를 받고 이에 군사적 행위로 답하는 병력이라 할 수 있다.

그러나 조선 건국 초에는 이러한 개념으로 설명되지 않는 부분이 많다. 즉 국가의 공병체제 속에 포함되어 있으면서 특정한 개인의 이익을 위해 봉사하는 경우, 그리고 사적 존재로서 국왕이 사사로이 병력을 소유하고 있는 사례까지도 발견되기 때문이다(전철기, 1999).

이러한 사병은 군사적 임무를 담당함은 물론 그 사병이 예속된 특정인의 신변보호와 관련된 일련의 모든 행위를 수행하였다고 볼 수 있다. 왜냐하면 고려시대 무인집권기 최씨가의 도방이나 가병 조직이 바로 이러한 사병의 한 예이기 때문이다.

조선 건국 초 경호 조직에 관하여 고찰함에 있어 공경호와 민간경호의 성격이 혼합된 형태로 존재하고 있다는 사실을 이 사병의 실질을 통해 알 수 있게 된다.

또한 조선왕조가 개창한 이후 국왕의 호위는 주로 궁중의 내상직이 도맡았으나, 이는 임시방편적인 것으로 정규 호위병의 창설이 시급했으며, 태조는 혁명 초기 가담세력의 사병을 일괄적으로 혁파할 수 없었기 때문에 그 자신도 강력한 사병을 지녀야 했다(장철원, 2003).

따라서 10위 체제의 실체는 왕실의 사병적 존재인 10위중의 의흥친군좌·우위와 종친이나 훈신 개개인에 의해 통솔되었던 사병적인 시위패(侍衛牌) 등에 귀속되어 있었으며, 이 시위패가 고려말부터 병권을 장악하고 있었던 것으로 볼 수 있다. 이와 같이 조선 건국 초 중앙군의 실태는 법제적인 측면에서의 10위와 사실상 중앙 군사력을 이루고 있는 왕실사병으로서의 의흥친군위(義興親軍衛), 그리고 중신들의 사병적 성격을 띤 시위패 및 반법제적인 존재이자 궁중시위(宮中侍衛) 병력인 성중애마가 존치되어 있었으며(김 홍, 2003), 경호조직은 아직 국가적 체제 내에 흡수되지 않은 공경호와 민간경호의 혼합적 형태로 존재하였다고 볼 수 있다.

조선 건국은 기존의 고려를 그대로 승계한 것이 아니라 위화도 회군이라는 쿠데타를 통해 이루어졌기 때문에 왕실 경호에 있어서도 고려시대 관군 보다는 건국 당시 이성계뿐만 아니라 그 이하 추종자들의 사병이 담당할 수밖에 없었다는 것을 유추할 수 있으며, 이 경우 왕실 경호라는 공경호적 임무를 민간경호 조직인 사병이 담당한 매우 특이한 형태의 경호 체계가 존재하게 된다고 볼 수 있다.

그리고 조선 건국 초 민간경호조직으로서의 사병이 가장 두드러지게 부각되어지는 것이 바로 조사의(趙思義)의 난(亂)에 동원된 가별초의 존재이다.

이러한 가별초는 그 기원을 보건대 고려 말부터 동북면의 토호(土豪)나 여진(女眞)의 추장(酋長)은 많은 양민을 사점(私占)하고 이들은 관하(管下)라고 호칭하였는데, 동북면에 이러한 제도가 발달한 것은 이 지방이 노비제가 발달하지 않았고, 지역적 여건으로 인해 많은 유이민이 들어와 이들이 공민왕 이후 국가로부터 조세를 면제받는 등의 각종 혜택을 받은 지방 유력자에게 사적으로 점유되었으며, 몽고 침입 후 그리고 고려가 이 지역을 되찾은 이후에도 계속 그 특권을 보장해준데서 기인한 것으로서 가별초는 이 관하라는 특수한 사회관계를 매개로 발생한 군사집단으로 볼 수 있다(전철기, 1999).

이러한 가별초는 말 그대로 '집(管下)에서 가려 뽑은 무리'이며, 특징은 왕실이나 공신계열에 관련을 맺고 있으며, 강력한 사적 예속을 전제로 하고, 군사적 성격을 갖고 있는 무장집단이라는 것이다.

조사의의 난은 태종 이방원을 몰아내고 이성계의 재건을 다시 추구하고자 발생하였으며, 그 세력은 이 가별초를 기반으로 하였기에 그것이 동북면이라는 지역적인 한계를 내포한다고 하더라도 조선시대에 이와 같은 특징의 사병적 조직은 만연해 있었고, 그 임무가 정권을 찬탈하는 것과 같은 적극적 공격성을 지니면서도 그 실질은 군사적 운용과 그 조직의 장을 근시 호위하는 것이 그 임무라고 추측되며, 이성계가 함흥에서 실력행사를 할 수 있었던 것도 바로 이 가별초라는 특수 경호 조직이 존재했기 때문이라고 볼 수 있다.

IX. 조선 후기 군사제도와 경호

조선 전기의 5위 체계는 16세기 임진왜란을 통해 그 군사적 기능 마비에 이르렀으며, 그러한 군사적 공백을 타계하기 위해 군사체계 자체를 재정비하였다.

그리하여 중앙에 훈련도감(訓練都監)을 설치하면서 조선후기 군사조직은 5군영(軍營) 체제로 바뀌게 되었다.

이러한 5군영 가운데 훈련도감(訓練都監)·어영청(御營廳)·금위영(禁衛營)의 3군영이 국왕 호위와 수도 방위를 담당하였고, 총융청(摠戎廳) 및 수어청(守禦廳)은 각각 북한산성과 남한산성을 거점으로 경기도 일대의 방어를 담당함으로써 수도권 방어를 위한 2중체제(二重體制)를 구축하였다(이충수, 2004). 또한 호위청(扈衛廳)과 용호영(龍虎營)과 같이 왕권 강화와 결부된 금군(禁軍) 군영이 개별적으로 설치되었다.

1. 5군영(五軍營)

1) 훈련도감(訓練都監)

훈련도감은 일명 훈국(訓局)이라고도 하며, 왜란에 대처하기 위한 임시군영인 도감(都監)으로 출발하였다. 선조 27년에(1594)에 설치된 훈련도감은 포수(砲手)·살수(殺手)·사수(射手)의 삼수병(三手兵)으로 편제되었으며, 급료가 지불되었고, 전문적인 군사훈련을 받는 정병(精兵) 양성에 목적을 두었다.

훈련도감의 특징은 기존의 대부대 중심에서 소부대 단위로 편제되었다는 것이며, 설치 당시 도감당상(都監堂上)을 대장(大將)으로, 그 휘하에 중군(中軍)·천총(千摠)이 있었으며, 이들 지휘관 아래 사(司)-초(哨)-기(旗)-대(隊)-오(伍)로 연결되었다.

이러한 훈련도감은 선조 27년 11월에 서울의 포도(捕盜)와 순작(巡綽)을 주임무로 하는 5영에 각각 배치됨으로써 5군영제가 성립될 때까지 군사훈련 외에 수도방위와 국왕보위의 임무도 맡게 되었다(김 홍, 2003).

그 후 군사수가 증가되고 기구가 확대됨에 따라 조직체계가 재정비되었으며, 『속대전(續大典』에 의해 법제화되어 영조 중엽 조직이 확대 개편되었으며, 도제조(都提調) 1명, 제조(提調) 2명을 중심으로 대장 1명, 중군 1명, 별장(別將) 2명, 천총 2명, 국별장(局別將) 3명, 파총(把摠) 6명, 낭청(郎廳) 6명, 종사관(從事官) 4명, 초관 34명으로 지휘부를 구성하게 되었다. 이때도 속오법에 따라 편제되었으나 초기와 다른 점은 사(司)위에 부(部)가 있다는 점이며, 좌·우 양 부에 좌·중·우사가, 좌·우사에 5초, 중사에 3초 도합 33초의 4,011명으로 구성되어 있었다.[1)]

훈련도감은 초기 수도 방위와 국왕 시위를 비롯하여 지방군 훈련 및 변방 방어의 임무도 맡았으며, 5군영 체계 이후에도 국왕 거동 시 호위와 궁궐 시위 및 도성 파수의 임무를 담당한 중앙 핵심 군영이었다.

2) 어영청(御營廳)

어영청은 인조반정(仁祖反正) 이후 후금(後金)을 친정(親征)하기 위한 계획이 발단이 되어 성립되었다.

인조반정의 주축인 서인 세력은 후금에 대해 강경책을 표방하여 이를 위해 개성에 이귀(李貴)를 유수(留守)겸 어융사(御戎使)로 선임, 인조를 호위하기 위한 정예병 260명을 모집하게 되었다. 그러나 이후 실행하지 못하게 되자 이를 해산시키지 않고 이귀를 어영사로 임명, 인조를 호위하도록 한 것이 어영청의 시초가 되었다.

그 후 1624년 이괄(李适)의 난(亂)으로 인조의 공주 피난 시 훈련도감과 함께 인조를 호위하였으며, 그때 왕의 호위 강화를 위해 인근 군현에서 산척포수(山尺砲手)를 차출, 대읍(大邑) 7명, 중읍(中邑) 4명, 소읍(小邑) 2명씩 모집하여 약 600명으로 확대되었다.

이괄의 난이 진압되고 인조가 서울로 환도한 후에는 1,000명으로 늘어났으며, 이를 양분하여 500명씩 교대로 국왕 시위의

---

1) 1영은 2부, 1부는 3사, 1사는 5초, 1초는 3기, 1기는 3대, 1대는 2오를 통솔하였으며, 오는 4명으로 편제되었다.

임무를 담당하게 되었고, 병자호란(丙子胡亂) 이후에는 7,000명으로 늘어나 독립된 하나의 군영을 형성하게 되었다.

효종 3년(1652)에 이르러 북벌의 일환으로 어영청은 확대 개편되었으며, 이완(李浣)을 어영대장으로 하여 국왕 호위 및 북벌의 정예선봉군의 기능까지 담당하게 되었다.

이 당시 어영청은 재상 겸임의 도제조 1명과 병조판서 겸임의 조제 1명, 대장 1명, 군사사무 담당의 문·무 낭청 각 1명의 군영 체제를 갖추었으며, 군사는 21,000명으로 늘어나 6번(番) 21개 조직으로 두 달씩 1,000명의 번상군이 상주하게 되었다. 또한 어영군에는 기병 중심의 별마대(別馬隊)와 화포군인 별파진(別破陣)이 설치되었다.

이러한 어영청은 효종이 죽음으로써 북벌이 좌절됨에 따라 그 규모는 감소하였으며, 숙종 30년(1704)에 86,000명으로 정비되어, 125초를 25번으로 나누어 5초씩 번상, 두 달에 1번씩 700명이 수도에 상주하도록 하게 함으로써 수도방어의 상비군 확보가 이루어지게 되었다.

3) 금위영(禁衛營)

금위영은 숙종 8년(1682) 정초군(精抄軍)과 훈련별대(訓練別隊)가 통합됨으로써 설치되었다.

정초군은 인조 때 왕실 등의 숙위를 강화하기 위해 병조 소속 기병(騎兵) 중 2초를 선발하여 설치한 것이며, 훈련별대는 급료병인 훈련도감의 대안으로 재정 부담을 줄이기 위한 방편으로 이루어진 것이다. 이러한 정초군과 훈련별대는 국가 재정 부담 감소와 수도방어를 위한 군사수 유지의 두 가지 효과를 충족시키기 위해 설치된 것이다.

기존의 급료병제의 폐단을 시정하기 위해 훈련도감에서 707명을 감축하였으며, 감축된 이 별대(別隊)에 다시 정초군을 합하고, 통합된 14,098명을 5부 20사 105초로 편제하여 10번으로 나누어 교대로 번상하도록 한 것이 바로 금위영이었다.

금위영은 속오법에 의해 편제되었으며, 거의 어영군과 같은 체계로 이루어졌다. 그러나 금위영의 주력은 바로 병조 소속의 정초군이었으므로 병조판서가 금위대장을 겸하고 있었다.

그 후 영조 30년(1754)에 병조판서와 금위대장을 분리하여 금위대장을 따로 두게 되었으며, 훈련도감, 어영청과 함께 삼군영(三軍營)을 형성함으로써 왕실 및 수도 방위의 주축으로 군사적 기능을 담당하였다.

4) 총융청(摠戎廳)

총융청은 앞서의 삼군영과는 달리 보다 더 넓은 범위인 경기도 일대를 방어하기 위한 군영으로 인조 2년(1624) 속오군[2)]을 중심으로 편제되었으며, 그 수는 2만여 명에 이르렀고, 도성 근교인 수원, 광주, 양주, 장단, 남양에 5영(營)으로 나누어 설치되었다.

이러한 총융청은 후금과의 관계 악화에 따른 경기 일대의 방어병력을 정비한 것으로서, 간접적으로 수도 방어의 기능을 담당하면서 동시에 왕권 수호의 효과를 가지며, 중앙군의 외곽부대로서

---

2) 조선 후기 지방군.

작용하였다. 이후 남한산성이 개축되면서 수어청(守禦廳)이 설치됨에 따라 경기 수도 남부 방어는 수어청으로 이관하게 되었다.

병자호란 후 어영청에 대한 청나라의 강제 징병으로 인해 숙위군 강화를 위해 총융청에서 보충되어 인조 24년(1646) 장초군(壯抄軍) 10초와 둔장초(屯壯抄) 3초를 뽑아 겨울 3개월 동안 도성에 입번하여 궁성 숙위의 업무를 맡게 함으로써 중앙군 테두리에 배치되었으며,[3] 숙종 때에 아병(牙兵) 10초, 둔아병(屯牙兵) 3초를 추가 설치하여 확립되었고, 도성의 내영(內營)과 북한산성의 외영(外營)으로 나누어져 이원화(二元化) 되었다.

내영은 2부 6사 26초로, 외영은 전영, 중영, 후영에 각기 2부 4사 12초의 속오군과 2초의 별효사(別驍士)로 편제되었으며, 효종 4년(1663)에는 14,891명에 이르렀다.

이러한 총융청은 도성 방어의 중앙군으로서 뿐만 아니라 경기 북부 수도 외곽 방어의 임무도 동시에 수행한 방어 군영이라 볼 수 있다.

5) 수어청(守禦廳)

수어청은 남한산성이 개축된 뒤 설치되었으며, 경기병사 겸 총융사(摠戎使)인 이서(李曙)의 직권 하에 있다가 인조 10년(1632)에 수어사(守禦使)가 임명되고, 2년 뒤 이서가 사임함으로써 독자적으로 성립된 것으로 보인다.

병자호란 이후 군영체제가 갖추어져 효종 대에 이르러서야 군비확충의 일환으로 독립된 군영으로 정비·강화되어 남한산성을

3) 이충수, 전게논문, p.64.

중심으로 한 수도 남부 방어의 역할을 담당하였다.

수어사는 서울 경청(京廳)의 수어사와 광주(廣州)의 수어부사의 이원화 조직이었으며, 이에 따른 부작용으로 조직 체계가 여러 번 바뀌다가 정조 19년(1795) 장용영(壯勇營) 설치와 더불어 경청을 폐지함으로써 수어청 또한 폐지되고, 남한산성은 광주유수(廣州留守) 관할이 되었다.

2. 금군(禁軍)

1) 호위청(扈衛廳)

호위청은 조선후기 금군 중 가장 먼저 설치된 것으로 인조반정에 동원된 서인세력의 사병이 해체되지 않고 유지되면서 유래하였으며, 이것은 당연히 반정에 따른 역(逆) 쿠데타를 대비한 조치로 여겨진다. 그러나 비록 국왕의 호위를 주임무로 한다고 하지만 초기 호위청의 대장과 당상은 반정공신이 임명되었기 때문에 정치적이었으며, 실질적으로는 왕권 강화가 아닌 공신 세력의 입지를 공고히 하는데 이용되었을 가능성이 높다. 따라서 인조반정 초기 호위청은 비록 그 표면은 공병(公兵)이었으나 그 실지는 공신세력의 사병(私兵)적 성격이 강하며, 그러한 사병을 양성화시키는 과정의 일환으로 호위청이 성립되었다고 볼 수 있다.

초기 호위청의 병력 수준은 대장 4명이 각각 사병 100명씩, 당상관 2명이 각 50명씩 선발하여 500명으로 하고, 군관으로 임명하여 국가로부터 급료를 지급받도록 했다. 그러나 실제로는 정원 외 군관까지 1,000여명으로 추산되며, 이러한 정원 외 군관은 유사시에만 각 소속 대장에게 집결하고, 그 생계 또한 그 대장이 보장해주었다(이충수, 2004). 이러한 정원 외 군관 보유가 가능하다는 것은 왕권의 강화라기보다는 공신들의 군사적 기반을 공고히 해주는 역할을 하였으며, 이후 어영청과 총융청 등 군영 확대와 맞물려 각 군영으로 배속되면서 이들 공신의 세력기반이 되었다.

이후 호위청에 대한 이러한 정치적 이해관계로 인해 개편이 거듭되었다가 정조대에 와서는 숙위소(宿衛所) 체제로 바뀌면서 1청(廳) 350명으로 축소되었고, 왕권강화를 위해 왕의 신임을 받는 자를 호위대장으로 임명하여 국왕 친군(親軍)으로 삼았으며, 장용영(壯勇營)이 설치와 더불어 이에 흡수되었다.

2) 용호영(龍虎營)

용호영은 금군청(禁軍廳)이 영조 31년(1755)에 개칭(改稱)된 것으로, 원래 금군청은 조선 초기 내금위·겸사복·우림위의 내삼청(內三廳)이 변화되어 개칭된 것이었다.

효종 3년(1652) 왕권 강화를 위한 금군 개편에 따라 내삼청이 성립, 기병(騎兵)화 되었으며, 629명을 6번(番)으로 나누어 좌·우 별장(別將)에게 3번씩 분속하여, 국왕 좌·우에서 호위하도록 하였다. 이후 효종 6년(1655) 1000명으로 증원되어 10번으로 나누어졌으나, 다시 축소되면서 내삼청은 금군청으로 바뀌었고, 좌·우 별장은 금군별장으로 단일화(單一化)되었다.

숙종 8년(1682) 금위영(禁衛營)이 창설되어 금군청은 금위영에 합속(合屬)된 것으로 보이며, 금위영의 마대(馬隊)로서의 기능만 담당하였고, 당시 금위대장은 병조판서였으므로 금군별장은 별도 임명되지 않고 병조관할의 중군(中軍)에 예속되었다. 이것은 금군에 있어서 대신들의 군사권이 강화된 것으로 상대적으로 왕권이 약된 것을 반증한다.

그러나 영조 30년 금위대장은 병조판서로부터 독립되었고, 영조 31년(1755) 금군청은 용호영(龍虎營)으로 개칭되었다.

용호영은 별장(別將) 1명, 번장(番將) 7명, 당상군관(堂上軍官) 16명, 교련관(教鍊官) 14명, 서북 별부료군관(西北 別付料軍官) 120명 등으로 구성되어 있었으며, 정조 15년 100명을 감축, 500명으로 하여금 6번으로 나누어졌다가 순조 때 다시 환원되었고, 고종 19년(1882)에 개혁 후 다시 복구되었으며, 갑오개혁(甲午改革) 후에는 통위사(統衛使)가 용호영 군무를 관할하였다.

3) 장용영(壯勇營)

정조 원년(1777)에 홍상범은 야간에 왕의 침전을 침범하였고, 이에 따라 금군을 강화하여, 국왕 자신의 안위를 보다 실질적으로 담보하기 위해 금군 조직을 개편하기에 이르렀으며, 그러한 일환으로 숙위소(宿衛所)가 설치되었다.

숙위소는 기존의 호위부대와는 다르게 국왕 신변보호 강화를 위한 것으로 궁궐 수비와 도성 전체 경비 및 5군영의 군사적 임무까지 모두 관할하였다.

숙위소 설립 후 호위청은 1청으로 축소되었고, 초기 숙위대장은 정조 즉위의 공신인 금위대장 홍국영이 겸직하였다.

그 후 홍국영 개인의 권력기반화 된 숙위소는 폐지되고, 정조

9년(1785) 홍복영(洪復榮)의 역모 사건을 계기로 국왕이 직접 시취한 무사들을 중심으로 장용위(壯勇衛)를 설치하였으며, 훈련도감과 금군청의 군사들을 이속시켜 약 500명으로 5대(隊)로 나누어 편제하였다.

이러한 장용위는 정조 17년(1793)에 장용영(壯勇營)으로 확대 개편되었으며, 도성 중심의 내영(內營)과 수도 외곽의 외영(外營)으로 나누어져 기존의 5군영과 비교해서는 그 규모면이나 입지에 있어서 압도하였다.

또한 호위청이 장용영에 흡수되었으며, 5군영 각각의 우수 군관들도 장용영으로 이속되었고, 장용영의 총책임자는 장용사(壯勇使)라 하였으며, 기존의 마보군(馬步軍) 3초(哨)에서 5사(司) 35초(哨)로 확대되어 내영(內營) 하나만으로도 다른 군영과 동등한 규모를 갖추었다(이충수, 2004).

이러한 장용영의 확대 설립은 정조 즉위에 따른 기존 대신(大臣) 세력과의 정치적 대립에 따른 왕권 강화의 한 방편임과 동시에 즉위 초부터 국왕 암살의 불안과 그에 따른 실질적 국왕 신변의 안위를 확보함에 그 의의가 있으며, 기존의 대신들에게 있었던 군사 세력화를 막고 군권을 회수함과 더불어 국왕 직속의 친위부대 설치가 핵심이라는 것을 보여준다.

Further Study 정조대(正祖代) 장용영(壯勇營) 설치의 역사적 의의

정조 즉위 후 이 시기는 사회·경제적 변화가 일어나는 과도기로서 외척과 노론을 견제하면서 개혁적인 정치를 구상하여야 했다.

정조는 즉위 초부터 자신의 신변보호를 위해 숙위체제와 호위영을 정비하고 홍국영으로 하여금 외척을 견제토록 하였다. 그러나 차츰 홍국영의 세력이 상대적으로 커져감에 따라 그를 숙청함으로써 왕권을 강화하도록 하고, 그것을 위하여 장용영을 설치하여 군사적 기반을 확립하였다.

또한 오래전부터 감지한 반정의 기운이 구선복의 역모사건으로 표면화됨에 따른 왕권 강화책으로써 군권을 완전 장악함과 동시에 오군영의 대표인 훈련도감을 약화시킴으로써 새로운 친위군영을 창설한바 그것이 바로 장용영이었다.

따라서 장용영의 설치는 정조가 구상하는 개혁의 기반인 군권장악을 의미하며, 정조의 반대세력인 척신들은 중앙군영과 밀접한 연관을 맺고 있기에 이들 중앙군영을 해체 및 통합하여 정조 직속의 친위군을 조직한 것은 장용영을 정조 개혁 정치에 있어서 가장 중요한 역할을 수행하는 중심에 놓았다고 볼 수 있다.

또한 수도 외곽 방어군영인 총융청과 수어청을 단일화함으로써 이에 따른 국가재정 확보로 인해 장기적인 화성건설을 도모할 수 있었고, 후일 장용영을 내·외영으로 나누어 장용외영을 화성에 주둔케 한 것은 수도 외곽 방어의 임무와 동시에 정조의 왕권을 강화하는 가장 강력한 군사력으로서 기능케 하였다.

따라서 정조가 창설한 장용영은 정조의 경장정책(更張政策)의 핵심으로써 조선의 부국강병을 위한 정조의 의지가 실현된 것이라 보아야 하며(김준혁, 2007), 경호사(警護史)에 있어 장용영의 설치는 국왕 직속의 친위부대는 왕권 강화와 밀접한 관계를 가지고 있으며 정치적 성격이 강하다는 것을 여실히 보여준다.

X. 구한말 경호조직

정조 사후(死後) 세도정치로 인해 왕권이 약화되었으며,[1] 고종이 즉위하자 대원군은 왕권을 강화하기 위해 의정부(議政府)를 복원하고, 삼군부(三軍府)로 하여금 국왕 호위 및 궁성·수도 경비를 관할케 하였다. 이와 더불어 훈련도감은 수도방위에 주력하도록 하였으며, 국왕 호위 임무를 면제하고 용호영을 강화하였다.

대원군 실각 후에는 궁궐 경비 강화를 위해 무위소(武衛所)를 설치, 무예청(武藝廳)과 훈련도감 중 500명을 선발하여 무위소에 이속하였다. 초기 훈련대장이 지휘하였으나, 고종 11년 독립하여 무예소로 다시 이속, 금위대장이 무예도통사(武藝都統使)를 겸직케 하였다. 당시 무위소는 단순한 파수군(把守軍)이 아니라 고종의 친위군사적 성격을 띠면서 전체 군무를 통할하게 되었고, 국왕을 중심으로 한 군의 중앙집권적 개편의 중추적 역할을 담당하였다(김두현, 1995).

그 후 무위소·훈련도감·용호영·호위청을 무위영(武衛營)으로, 금위영·어영청을 장위영(壯衛營)으로 각각 통합하여 2군영

---

1) 순조, 헌종, 철종 대(代)에는 왕비가문에 정치권력이 집중되어 소수 권신세력에 의한 이른바 세도정치가 이루어졌다.

체제로 개편하였다.

임오군란 진압을 위해 청군(淸軍)이 주둔함으로써 훈련도감이 폐지된 4군영 체제로 변하였고, 용호영·금위영·어영청·총융청의 군사는 이른바 친군4영(親軍四營)에 편입되었으며, 금위영·어영청은 친군별영(親軍別營)으로 통합되었다. 그러나 친군4영 체제는 금군 약화를 초래하여, 친군용호영(親軍龍虎營)이 설치·보완되었다.

갑오개혁(1894~1896)에 이르러서는 훈련대와 신설대가 편제되어 있었지만, 이는 일제의 압력으로 이루어진 것이었기 때문에 새로운 호위부대로 시위대(侍衛隊)를 설치하였고, 을미사변으로 해산 당하여 훈련대에 편입되었다.

을미사변 후 1895년 조선 육군은 친위군(親衛軍 또는 친위대 親衛隊)과 진위군(鎭衛軍)으로 양분되었으며, 국왕 호위와 도성 수비는 친위군이 담당하였다.

아관파천(俄館播遷) 후 고종은 1897년 10월 대한제국을 선포하고, 황제권을 강화하기 위한 군제 개편을 도모하였다.

을미사변 후 해산된 시위대를 다시 설치하고, 러시아식 군제에 따라 1,870명의 정예병을 선발하여 궁중 시위를 전담케 하였다. 이에 따라 기존의 친위대는 수도방위를 담당하고 왕의 근시 호위는 시위대가 전담하게 되었다.

그 후 광무 2년(1898)에는 시위 2개 대대를 시위연대로 통합·증편하였으며, 포병대(砲兵隊)를 설치·부속하고, 시위기병대(侍衛騎兵隊) 또한 독립부대로 신설되었다.

그러나 1905년 을사늑약(乙巳勒約)으로 시위대는 가장 먼저 해산되었으며, 그 중 1개 대대는 궁궐호위를 위한 근위대(近衛

隊)로 존속되었다가 폐지됨으로써 왕실호위의 명맥이 끊기게 되었다.

그 외 경찰 조직으로서 광무 5년(1905) 경위원(警衛院)이 설치되었는데, 이는 명칭에서 보듯이 경찰경비조직(警察警備組織)으로 궁중 내·외곽 경비와 수위(守衛)를 담당한 것으로 보이며, 1909년 황궁경위국(皇宮警衛局)으로 개편되었다.

Further Study 조선의 경호

1. 조선 역대 왕조별 경호 조직 변천

- **태조(太祖 1392~1398)** 태조 이성계(李成桂)에 의해 개국된 조선왕조는 건국초기에 약화된 왕권을 강화하고 보호하기 위해 금군(禁軍)의 강화와 궁궐(宮闕)과 도성(都城)을 중심으로 한 수도방위(首都防衛)의 중앙군(中央軍)강화에 노력을 경주했고, 병권(兵權)을 장악하기 위해 삼군통제부(三軍統制府)를 의흥삼군부(義興三軍府)로 개칭하고 10위군을 중·좌·우군의 3군으로 나누어 편성하였으며, 이어 10위(衛)를 10사(司)로 개칭하는 등 대내적인 개혁을 시도하였다.
- **정종(定宗 1398~1400)** 정종 즉위초부터 사병혁파론(私兵革罷論)이 논의되고, 제2차 왕자의 난(정조 2년(1400)왕위를 둘러싸고 일어난 방원과 방간의 싸움으로 서로 사병을 동원하여 교전하였다. 처음으로 추진된 조치로는 정종 2년 갑사제도의 확립이었다. 사병가운데 신뢰할 수 있고 무세가 우수한 자를 선발하여 갑사로 편성하고 이들로 하여금 중앙군의 핵심 기간병(基幹兵)으로 삼았다. 이들은 10사 50령(領)중 1령에 각각 20명 씩 편성하여 궁성시위(宮城侍衛)와 도성내외(都城內外) 및 순찰(巡察) 및 경비임무(警備任務)의 핵심을 이루게 하였다.
- **태종(太宗 1400~1418)** 태종즉위년 별시위는 이중 무재가 있

는 자를 선발하여 창설된 국왕 측근 의장대 겸 시위대였으며, 친군위는 태조 이성계의 출신도인 함경도 군사를 우대하기 위해 조직한 것으로 친군위 지휘는 왕자를 비롯하여 종친과 훈신 가운데 극히 제한된 일부 사람들에게 맡겨졌다. 그의 임무는 궁성을 시위하고 왕의 행행에 시종하는 것이 가장 중요한 임무였으며, 아울러 왕실의 정보기관의 성격도 띄고 있었다. 태종 7년(1407)에 내금위는 궁중에 입직숙위(入直宿衛)하던 내상직을 개편한 것으로 이들은 최초 태종의 신임을 받는 병종을 중심으로 편성되었는데 처음에는 60~90명의 소수에 불과한 정예부대로 내금위범제사(內禁衛範制使)에 의해 통솔되었다. 태종 9년(1409)에 중앙군인 10사의 임무분담을 시위 4, 순위 6의 비율에서 시위 9, 순위 1의 비율로 개편하여 중앙군을 왕권보호를 위한 시위임무를 치중하게 했다. 아울러 태종은 10사를 시위중심의 중앙군으로 편성하는데 그치지 않고 왕권보호와 신변보호를 위해 별시위(別侍衛), 내금위(內禁衛), 내시위(內侍衛), 겸사복(兼司僕), 방패(防牌), 근장(近仗), 충의위(忠義衛) 등의 별도의 친위병종(親衛兵種)을 설치하였다. 태종14년에 용관을 없애는 조처로 대신 지방의 번상병력인 별패(別牌)의 수를 늘려 갑사를 보충하였고 태종 17년에 갑사직의 자리가 승문원 관리를 위하여 주어지는 사례가 나타나 갑사의 변질을 가져오고 있었다(차문섭, 1996). 태종 18년(1418)에 당시 사복시(司僕時)가 세자의 출입시 중요한 위치를 차지하였다. 말을 관할하는 사복시에서 말에 대한 수발만이 아니라, 세자의 호위까지도 책임 맡게 되는 데에서 하나의 병종으로써 위치를 굳히게 된 것으로 보여진다. 겸사복은 내금위와 같이 근위군사로서 왕의 측근에서 근무를 하는 금군이었다(김두현, 1995).

■ **세종(世宗 1418~1450)** 태종이 세종에게 왕위를 물려주면서 10사에 용분사(龍奮司, 호아사(虎牙司)를 더하여 12사로 증편되어 삼군에 4사씩 분속하게 되었고, 세종 10년에는 도성의 수비와 순찰업무를 전담하는 병조예하에 도성위(都城衛)와 도성경부소(都城警付所)를 별도로 설치하여 도성위는 도성전체의 방위임무를, 도성경부소는 도성내 각지역에 배치되어 실제적인 경비임무를 담당하게 했다. 세종 21년(1439)에 내금위가 교대로 근무하는 병종이 아니라 교대가 없는 장번군사로 많은 병종 가운데 가장 좋은 대우를 받았고, 그 수는 200명으로 증가하였으나 최종 190명으로 확정되었다.

■ **문종(文宗 1450~1452)** 원년 호위대인 중앙군은 5군(軍), 4진(陣), 5위(衛)의 계열을 잇는 진법체제와 부합되는 5사로 개편되었다. (문종실록 8권 원년 6월) 이들은 5교대로 궁궐이나 도성의 입직(入直)(경비근무), 출직(出直)(훈련근무), 행순(순찰근무)의 임무를 수행하였으며, 12사의 병력을 5사에 분속시켰으며 여기에는 지휘계통을 달리하는 각종 특수병들까지도 거의 모두 포함시켜 하나의 지휘체계로 묶어 놓은 것이다(차문섭, 1996).

■ **세조(世祖 1455~1468)** 세조 3년 5사에 분속되지 않은 병종으로 인해 시위시에 발생하는 혼란을 방지하기 위해 5사(司)를 5위(衛)로 개혁하고 모든 군사를 병종별로 5위에 분속

시켰고, 5위로 개혁되면서 3군부는 5위도총부(五衛都摠府)로 바뀌어 중앙군을 지휘하였다. 이와 같이 5위로 개편된 중앙군은 서울에 있는 거의 모든 병종을 포함하였다. 그러나 내금위나 겸사복, 우림위(羽林衛) 등의 왕의 친병 계열의 병종은 5위에 속하지 않았는데, 이는 5위 제도가 확립되므로 말미암아 친병과 위의구분이 명확하게 나타났기 때문이다. 즉, 친병은 왕의 신변을 직접보호하고, 5위병은 궁궐이나 도성 등의 수도경비를 전담한 것으로 보인다(강성문, 1993).

- **예종(睿宗 1468~1469)** 원년 5월에 오위제도(五衛制度)가 하나의 제도로서 고정화되어 그 소속 병종에 대한 약간의 조정을 거친 다음 경국대전에 법제화되었다.
- **성종(成宗 1469~1494)** 성종 23년에는 특수신분층인 서얼(庶孽)출신을 대상으로 편성된 금군인 우림위는 내금위나 겸사복 등의 금군이 부방(赴防: 서북변경에 파견되어 복무하는 것)하는 사례에 의해 발생된 금군의 부족현상을 해결하기 위한 것이었다. 성종 22년에 별시위는 해외원정(海外遠征)에도 참가했는데 허종의 북정사를 들 수 있다. 즉, 별시위, 갑사 등의 전투력을 평가하여 원정군을 주축으로 삼으려했다.
- **연산군(燕山君 1494~1506)** 연산군 10년(1504) 우림위는 일단폐지되었다. 연산군 11년(1505) 5월에 내금위는 충철위(衝鐵衛)로 개칭되었고 예차내금위(預差內禁衛)는 소적위로 개칭되었으나 실제로 이들은 정해진 수보다 더욱 많아 체아직(遞兒職)의 부족현상까지 나타나고 있는 기록들이

보일 만큼 왕의 측근 시위병으로서는 가장 강력한 병종이었다(차문섭, 1996).

■ **중종(中宗 1506~1544)** 중종 1년(1506)에 우림위가 재설치되어 금군의 기능을 다시 하게 되었다. 중종 5년 왕권호위를 강화하기 위하여 실차, 예차, 가예차로 인원수를 늘려 금군의 중차가 되었다. 중종 7년(1512)에 정로위(定虜衛)는 우림위와 마찬가지로 내금위 등이 변란이 있을 때마다 부방하게 되어 금군의 기능이 약화되는 것을 방지하기 위한 병종이다.

■ **선조(宣祖 1567~1608)** 선조 26년(1593) 10월 난을 피했던 선조는 훈련도감의 설치를 구체화하였다. 훈련도감군은 소부대 단위로 편제되었고, 임시군영인 도감으로 존치되었으며, 처음부터 법적인 뒷받침을 받은 군영은 아니었다(차문섭, 2003).

■ **인조(仁祖 1623~1649)** 인조 1년(1623) 인조는 10월에 대장 4명과 당상관 2명을 정하여 사막군(私幕軍)을 중에서 대장은 10명, 당상관은 50명을 뽑아 군관으로 삼고 국왕호위의 임무를 맡게 하는 한편 국가에서 급료를 지불하였다. 인조 2년(1624)에 이괄(李适)의 난으로 말미암아 일단 그 정비가 주춤했다. 정월에 어영청은 인조반정을 말미암아 국내정세가 어수선하고 또한 국제정세도 후금이 강대해지면서 압력을 가해오는 반정초의 국내외정세와 짝하여 설치되었는데, 이것이 어영군의 시초가 되었다. 동시에 경기도 일대의 속오군을 중심으로 왕권호위의 총융군(摠戎軍)을 편제하게 되었다. 인조 24년(1646)에 단약한 숙위를 보강하기 위하

여 총융사 구인기(具仁旣)가 도성에 입번하여 궁성숙위의 업무를 띠게 되어 이른바 중앙군의 테두리에 들어가는 길이 트였다.

■ **효종(孝宗 1649~1659)** 효종대에 와서 북벌을 바탕에 두고 적극적으로 군비확충을 진행해 나가는 과정에서 금군도 왕권 강화와 더불어 강화되었다. 효종은 금군 3위를 내삼청으로 묶는 동시에 금군의 기마군화(騎馬軍化)를 적극 추진하도록 했다. 또한 효종은 내삼청장을 얻기 어렵다는 이유로 좌, 우 별장제를 설치한 금군의 합리적인 운영을 꾀하였다.

■ **현종(玄宗 1659~1674)** 현종 9년(1668) 12월에 정초군을 정초청(精抄廳)으로 승격시키고 옛 병조에 병영을 두고 병조판서가 주관하도록 하였다. 훈련별대의 설치는 정초청에 대한 시비가 한창 일어나고 있던 현종 10년 2월이었다.

■ **숙종(肅宗 1674~1720)** 숙종 8년(1682) 3월에 양난으로 인한 극심한 폐해를 극복하기 위한 군제변통, 양역변통의 논의가 그 절정에 달하여 금위영을 설치하였다. 정초군과 훈련도감의 급과병을 줄이기 위하여 설치되었던 훈련별대를 합하여 금위영이라는 하나의 독립된 군영으로 개편한 것으로 당시 훈련대장을 겸하고 있던 병조판서가 올린 군제변통절목에 의하여 구체화되었다. 숙종 10년에는 호위군관은 처음 반정공신(反正功臣)의 사막군을 조직화 하였다.

■ **영조(英祖 1724~1776)** 영조대에 와서는 군사제도가 차차 정비되어 오군영체제가 갖추어지면서 왕권수호는 물론 위영청, 금위영과 함께 궁성수비 내지는 수도 서울의 방어를 책임지게 되었으니 이는 당쟁이 고식화 되고 왕권이 신장되어

속대전(續大典)화 했다. 영조 4년에는 도성수비가 매우 소홀한데서부터 강화하기 시작했으며, 영조 22년의 수성절목에 의하여 구체화되었다. 영조 26년(1750)국가재정의 격감을 이유로 총융사가 경기병사를 겸하게 하여 수어청과 같이 북한산성에 진출케 했으나 동왕(同王) 36년에 옛 제도로 환원되었다. 영조 30년에 병조판서의 금위대장 겸직을 풀고 제조(提調)로서 자문에 응하게 하는 조치를 취하게 함으로써 호위대장은 훈척이나 대신이 겸하게 되고 병정책임자인 병조판서는 금군청을 책임져 왕권과 직결되었다. 영조 31년에 금군청을 용호영으로 개칭하고 별장(別將)만은 금군별장으로 바꾸었다(차문섭, 1996).

■ **정조(正祖 1776~1800)** 정조1년에 우림위가 재설치 되어 금군의 기능을 수행하였다. 정조때에 와서 왕권의 강화와 결부되면서 숙위소 체제를 성립시키면서 호위청의 축소를 가지고 왔다. 즉, 원년 숙위소를 설치하여 자기의 왕권을 강화하기 시작했던 정조는 그 이듬해 2월에 조신(朝臣)의 찬성을 얻어 호위 1청으로 축소하고 군관도 정졸(精卒) 350명으로 한정하였다. 정조는 이때 비록 대신이라 하더라도 훈척이 아니면 대장을 겸하지 못하게 함으로써 호위대장권을 사실상 대신에게서 빼앗은 것이다. 정조 9년(1785) 여러 척족의 포위속에서 왕권보위를 철저히 하기 위하여 설치되었던 숙위소를 혁파하고 새로운 금위체제의 조직으로 개편한 것으로, 처음에는 장용위라 일컬었다. 홍복영의 역모사건이 일어난 것을 계기로 하여 왕의 호위부대의 증강을 불가피하게 하여 이들 경과에 합격한 무사들을 흡수하여 장용

위를 설치하고 그 왕권호위의 핵심을 이루게 한 것이다. 이와 같이 성립된 장용위는 정조 17년 장용영 내, 외영이 성립될 때까지 약 500명의 무사들로 편제되었으며 5대로 나누어져 있었다.

- **순조(純祖 1800~1834)** 순조 때에 이루어진 만기요람에는 3군문 모두 8패(牌)로 나누어 그 책임 구역을 정하여 행순하도록 하고 있었으며 간간히 병판(兵判)과 양포장(兩捕將)그리고 3군문대장이 직접 도순(都巡)을 행하여 치안에 만전을 기하고 있었다(차문섭, 1996).
- **고종(高宗 1863~1907)** 고종 때 시위대는 훈련대와는 달리 미국인 군사교관에 의하여 훈련된 것을 생각되며 여기에는 또한 종래 내취(內吹)를 개편하여 군악대도 편제되어 있었다. 그러나 이 시위대는 그해 8월 일본인 수비대원과 일본흉한단(日本凶漢團)이 훈련대와 합세하여 대원군을 앞세워 행해진 을미사변이 발생하자 이에 협력하지 않아 해산당하고 말았다. 을미사변 일어난 후 국내의 육군은 친위대와 진위대의 두 종류로 나누어지게 되었다. 즉 친위대는 서울에 주둔하여 왕성수비를 전담하고 진위대는 부(府) 혹은 군(郡)의 중요한 지방에 주둔하여 지방진무(地方鎭撫)와 변경 수비를 전담하게 한 것이다.

2. 조선왕조 왕실호위조직의 임무와 기능

조선왕조 전, 후기 호위조직의 변천과정을 분석해 볼 때 국왕의 신변안전 보호를 위해 금군 및 중앙군의 군사력이 동원되었음을 알 수 있다. 이들은 주로 입직, 순찰, 시위 및 국왕의 거동 시

호가호위 임무수행을 통해 국왕의 신변을 보호했다(서울특별시편찬위원회, 1977).

당시 신변보호 대상자로는 국왕과 왕비, 왕세자, 왕세자빈 등 그 가족으로 볼 수 있으며, 이중 국왕에 대한 호위관련 근거는 국조오례의(國朝五禮儀)[2]에서 국왕이 임석하는 행행시의 시위 및 행·환궁절차와 경국대전 병전 규정에서 찾아볼 수 있다.

이외에 왕족시위는 태조 이성계가 함경도로 옮겨갔을 때, 별시위가 시위했으며, 기타 외국사신(주로 명나라)의 왕래 시에도 별시위가 호위했다. 대상에 따른 시위와 의장은 병조에서 관장했다. 여기서 별시위는 중앙군의 소속이었으나 이때는 왕인 태조의 측근에서 근시위를 맡았다.

국왕의 시위행사는 크게 상참[3]등의 국무를 아뢰는 행사인 일상회의 행사와 각종제사나 선농, 대사, 순행 등을 행하는 거동행사로 구분해 볼 수 있다. 국왕의 거동 시 시위절차는 일련의 정형화된 순서에 의해 이루어졌다. 그 순서는 다음과 같다.

국왕이 친림하는 대열, 강무, 순행, 타위 및 국가적인 제사 등 각종 행사시 병조가 국왕의 명을 수령하여 그 시위계획을 작성하고, 공문을 담당 군문에 보내면 시위조직에 따라 시위하였다. 이는 왕세자인 경우도 마찬가지였다.

국조오례의에 의하면 시위장병은 엄고(嚴鼓)[4]를 울려서 그 신호로 통솔했다.

---

2) 오례에 관하여 편찬한 책으로 세종의 명을 받아 허주 등이 고금의 예서, 홍무예제를 참작하여 '두씨통전'을 모방하여 편찬에 착수, 이어서 세조 때에 강희맹 등을 시켜 5례인 길, 흉, 가, 빈, 군중에서 실행해야 할 것을 뽑아 도식을 편찬하여 탈고한 것을 성종5년(1474년)에 신숙주, 정척 등이 완성하였다. 총8권8책

3) 상참이란 의정대신(영의정, 우의정, 좌의정)들의 국무보고를 말한다.

4) 엄고 : 국왕이 거동할 때 시위하는 장병을 통솔하는 신호로 치는 큰북이다.

초엄(初嚴)[5]이 울리면 병조는 지정된 장소로 장병을 집결시키고 대, 법, 소가[6]와 노부[7]를 준비한다. 이엄(二嚴)[8]이 울리면 각 위장들은 각각 그 시위장병을 통솔하여 전정으로 들어가 정열 한다.

삼엄(三嚴)[9]이 울리고 그 소리가 그치면 내·외의 문을 열고 각 시위장병은 시위임무에 들어가고 궁 밖으로 거동 시 행군을 시작한다. 국왕이 모든 행사를 마치고 거처하는 궁궐로 돌아가면 병조판서가 국왕의 교지를 받들어 해엄 하면 시위 병력은 임무를 마치고 철수하였다. 국왕친림 행사시 병력배치는 시위병력 성격에 따라 위치를 지정하여 배치했다. 국왕을 중심으로 근접해서 병조와 도총부 이하의 관직으로서 근무를 띤 자 및 겸사복이, 그 다음으로 내금위와 별시위가, 그 다음이 입직 중앙군이 배치되었다.

이와 같은 병력배치를 기본 바탕으로 행사의 성격별로 살펴보면 국왕이 친히 제사를 행사할 때에는 기고를 장비한 시위군이 제단밖에 머물러 시위하였고, 묘나 능에 제사지낼 때는 문밖에 머물러 시위하였다. 또한 국왕이 친림하는 대소, 조하, 행사나 연회 때에는 위장들이 예하부대를 지휘하여 궁정에 정렬시키며, 병조와 5위도총부이하 군무에 직책을 가진 자 및 겸사복 소속요원은 국왕의 측근에 시립하고, 내금위, 별시위 소속요원은 궁정의 섬돌 위에 정렬하여 시위하였다.

---

5) 초엄이란 첫 번째 치는 엄고로 시위장병 및 문무백관 등이 일정한 장소에 집결한다.
6) 대, 법, 소가는 왕이 거동 때 사용하는 의장행렬의 종류이다.
7) 노부는 왕이 거동시 사용하는 의장 또는 의장을 갖춘 거동행렬을 말한다.
8) 이엄은 두 번째 치는 엄고로 시위장병 및 문무백관이 전정에 정렬한다.
9) 삼엄은 세 번째 엄고로 국왕이 전정에 나오고 궁 밖으로 거동시 행군을 시작한다.

궁중에 있는 첩고(疊鼓:큰북)이 계속해서 울리면 각 문을 지키는 자 이외의 입직한 모든 위의 군사는 근정전 전정에 모여서 각각 그 방향을 정하고 정열 하였는데 병조는 사정전 남문의 좌협문인 동합문 밖에 시위하고 도총부가 그 다음 그리고 상·대호군, 위군이 이에 따랐으며 금군인 내금위는 우협문인 서합문 밖에서 시위하였고 겸사복은 국왕의 바로 앞에서 시위하였다. 국왕이 첩종(疊鐘)[10)]을 울려 대열을 보고자할 때에는 입직하고 있던 모든 군사가 첩고의 예에 의하여 모두 집결하고 국왕이 근정전이나 다른 문에 나오면 그 나오는 곳을 따라서 국왕을 시위하였다. 이때 오위소속의 군사들은 광화문 앞길부터 종묘, 흥인문까지 정열 하여 시위하고 위장이하가 명을 받아 이를 통솔하였다. 국왕을 직접 모시고 있는 시신들은 경복궁 동문인 건춘문과 서문인 영추문에 모여 명을 기다리게 했다. 출직한 병조, 도총부, 위장, 도장, 선전관, 사복시, 내금위 및 훈련원, 군기시의 관리들은 본청을 지키는 자 외에는 모두 광화문 앞에 모여서 명을 기다리게 했다. 이러한 국왕의 거동을 중심으로한 철저한 시위 및 경비는 국왕의 위용뿐만 아니라 국권과 왕권이 사실상 왕권으로 귀일 되었던 당시 정치의 단면을 나타내는 것이다. 행군 시에는 어가(御駕)를 서면에서 호위하게 하고 대로파수는 좌우로 나누어서 담당하였다. 국왕이 도성 내에 경숙(經宿)[11)] 할 때나 이동할 때에는 높은 산봉우리나 기타 높다고 생각되는 곳과 취약부분에 척후병[12)]을 배치하고 통로에는 복병[13)]을 배치했다. 대조회 시에는 기사

10) 첩종은 열병때에 제대를 집합시키기 위해 궁궐내에서 치는 대종으로 타종을 치면 입적하는 모든 위병은 근정전 뜰에 모여서 각각 소정의 위치에 정렬한다.

11) 경숙이란 왕이 궁궐 밖에서 유숙하는 것을 말한다.

12) 척후병이란 정찰과 탐색을 전담한 군사를 말한다. 지금의 검측을 뜻한다.

12명이 기복을 갖추고 문을 지켰으며, 국왕이 교외로 거동 시에는 훈련도감에서 척후병이나 복병을 전담하였다.

사신이 내왕할 때에는 훈련도감이 어영청과 같이 대궐문 밖에서 추모현까지 경군30명, 향군 100명을 시위케 하였다. 국왕이 수렵 시 수행한 근무자는 경국대전 권지사 병전 '행순'조 근무일수를 적용 규정에 의거하여 근무한다(정신문화연구원, 1995). 행재소[14]의 순찰은 국왕의 행재소를 경비하는 호위군영의 내진선을 순찰하고, 순찰임무는 오위도총관(정2품) 이하의 제장 중에서 병조의 추천을 거쳐 국왕의 지명을 받은 장수가 군사 5명을 거느리고 수시로 수행한 다음 그 결과는 순찰한 제장의 장수가 직접 국왕에게 보고하였다. 외진선의 순찰 및 특별순찰 임무는 대장이 지명한 위장 또는 부장이 군사 10명을 거느리고 수행하였다. 국왕의 행차 시에는 근시 및 수종관, 호위병을 제외하고 그 밖의 군사와 민간인은 모두 피신하여야한다. 이를 어길 시에는 장형 등의 형벌이 주어진다. 이렇게 하여 국왕의 신변안전을 사전에 보호 하였다.

위에서 살펴본 결과 왕실호위조직의 고유 업무는 바로 왕에 대한 신변보호를 위한 엄격한 시립·배종·의장과 왕궁호위를 위한 입직·숙위·수문 등으로 행하여 졌음을 알 수 있다. 이처럼 이들의 역할은 실로 다양하였으며 하나의 공통점은 측근이나 내부나 외부 어느 곳이든지 이들 모두가 국왕을 지키는 파수꾼이라는 점이다.

---

13) 복병이란 아무도 모르는 곳에 은밀히 숨겨둔 군사로 만약의 사태에 대비하여 숨겨둔 군사를 말한다.

14) 행재소란 국왕이 여행 중에 임시로 머무는 숙소를 말한다.

XI. 대통령 경호 변천

1. 제1·2공화국

제1공화국 때는 대통령 경호를 경무대경찰서에서 담당하였다. 경무대경찰서는 구(舊) 왕궁 관할 창덕궁경찰서가 폐지되면서 1949년 신설되었고, 종로경찰서 관할이었던 중앙청 및 경무대 구내 모두 관할하였다.

1949년 12월 29일에는 내무부훈령(內務部訓令) 제25호에 의해 경호규정(警護規程)이 제정되었으며, 이때 최초로 경호(警護)라는 용어가 사용되었고, 현대적 의미의 경호 체제가 정비되었다.

이 규정은 전문(全文) 26조로 구성되어 ① 경호에 필요한 사항은 본령에 의하여(제1조) ② 경호대상은 대통령, 부통령, 외국의 원수, 국회의장, 대법원장, 국무총리 및 각 부 장관 또는 외국의 사절, 기타 내무부장관 및 도지사가 필요하다고 인정하는 인사(人士)(제2조) ③ 경찰관은 도상·열차 및 선박, 기타 필요하다고 인정하는 장소에 소정의 경호원을 배치하여 피경호자(被警護者)의 신변의 안전을 기한다(제3조) 등의 내용이 규정되어 있다.

이후 경호책임자로서 경무대경찰서장이 대통령 경호 임무를 수행하였으며, 1953년 3월 20일에는 경찰서직제(警察署職制)를 개정하여, 관할구역이 경무대 구내로 한정되었다. 경무대경찰서의 조직은 경무계(警務系), 사찰계(査察系), 경비계(警備系)로 편성되었다(김두현, 1995).

제2공화국 때는 경무대경찰서를 폐지하고 청와대에 청와대경찰관파견대(青瓦臺警察官派遣隊)를 신설하여 대통령 경호를 담당하게 하였다.

1960년 4·19혁명으로 3차 개헌을 통해 대통령중심제에서 내각책임제(內閣責任制)로 변화되면서 대통령 경호를 담당하던 경무대경찰서가 폐지되고 경무대 지역의 경비업무는 서울시경찰국 경비과에서 담당하게 되었다.

제2공화국이 수립됨에 따라 1960년 12월 30일 윤보선 대통령이 경무대를 청와대로 개칭하였고, 이에 따라 서울시경찰국 경비과에서 청와대경찰관파견대를 설치하여 대통령의 경호 및 대통령관저의 경비를 담당하게 하였다.

그러나 제1·2공화국 당시 초보적인 경호활동이 시작되었기에, 아직 대통령 경호체계가 정착되지 않았을 무렵 이승만 대통령은 4차례에 걸쳐 저격 및 암살위협을 받았으나 경호원들에 의해 매번 무사히 위기를 넘길 수 있었다. 아직 선발경호의 개념조차 자리 잡혀 있지 않아서 기동 간 경호와 수행경호가 전부이던 시절이었다(김창호, 2006).

2. 제3·4공화국

5·16 군사쿠데타의 당시 주도자인 박정희 장군의 신변보호를 위해 소수 정예의 군인이 경호임무를 수행하였으며, 당시 대통령 업무를 대행하던 박정희 의장에 대한 신변경호는 국가재건최고회의의장경호대(國家最高會議議長警護隊)가 임시로 편성되어 담당하였으며, 1961년 6월 1일 중앙정보부 창설과 동시에 경호대가 중앙정보부로 예속되고 그해 9월 9일에는 중앙정보부 내훈(內訓) 제2호로 경호규정이 제정·시행되어, 11월 8일 정식으로 중앙정보부경찰대(中央情報部警察隊)로 발족하게 되었다.

그 후 1963년 12월 17일 제3공화국이 수립되어 정식 출범함으로써 『대통령경호실법』이 제정되어 독립적인 경호조직이 탄생하게 되었으며, 현재의 대통령경호실(大統領警護室)이 성립되기에 이르렀다.

대통령경호실이 창설되면서 애국과 충성을 강조하였고, 최초로 3중 경호원리를 도입하여 입체경호를 실시하여 행사지역에 대한 국민의 출입통제, 행차로에 대한 교통통제, 도로확보 등이 강력하게 실시되고, 경호에 동원되는 경호요원의 복장이나 위치선정, 휴대무기 등을 노출시킴으로써 위력을 시위하는 개념의 경호가 실시되었다(김창호, 2006).

1968년 무장공비 청와대 피습 사태를 계기로 청와대 방어계획 및 보안활동 강화를 위해 경호실의 기능이 강화되었고, 1969년에는 『전직대통령예우에관한법률』이 제정되었다.

제4공화국에 이르러서는 유신체제를 공고히 함과 동시에 대통령경호실의 권한이 강화되고 그 경호실장의 지위도 장관급으로 상향됨으로써 그 위상이 높아졌다. 1974년 대통령경호·경비안전대책위원회를 설치하여 관계부서 책임과 부서간 협조를 명확히 하였으며, 1975년에는 안전대책통제단을 설치하고, 안전대책사범처리협의회규정을 제정하였다.

그러나 10.26을 거쳐 최규하 대통령 취임 이후 경호실장 직급을 장관급에서 차관급으로 하향 조정되었고, 대통령경호실 기구 및 조직도 축소되었다.

3. 제5공화국

제5공화국에 들어서면서 대통령경호실법이 개정되어 경호대상에 있어 "전직대통령 및 그 배우자와 자녀의 호위"가 추가되었으며, 제6공화국에 이르러서는 대통령경호실 경호요원을 처음으로 공개 채용하였다.

제5공화국 때도 미얀마 아웅산 묘소 폭파사건이라는 엄청난 실패를 겪은 경호실은 은밀·비노출 경호에서 위압적·과시적 통제경호로 경호방법을 완전히 전환시키고, 행사시작 전에 행사장 및 출입인원에 대한 검색을 집중 강화시켰다.

그러나 이러한 경호기법의 전환으로 인하여 행사장의 의전계획은 대통령의 권위주의와 경호안전을 위주로 세워짐으로써 행사장에 대한 통제가 강화되어 참석자와 일반시민의 불만을 야기하는 원인으로 작용하였다(김창호, 2006).

4. 문민정부 이후

문민정부에 와서는 대테러전담부대가 신설되었고, 국민의 정부 시절 남북정상회담이 이루어져 북한과의 대통령 경호가 이루어졌다. 그리고 참여정부에서 특기할 만한 것으로 최초로 대통령 탄핵에 따른 대통령권한대행자와 그 배우자에 대한 경호가 이루어졌다.

문민정부와 국민의 정부 그리고 참여정부로 이어오면서 대통령 경호는 과거 군부정권기와는 달리 국민 불편을 최소화하는 방향으로 그 기법상의 변화가 있어왔다고 볼 수 있다.

이러한 변화는 반대로 경호실의 업무 수행에 있어 부담이 가중된다는 것을 의미하며, 개방적 경호 환경에 따른 조직의 유연성을 견지하면서도 무장공비 출현과 같은 특수한 사건이 발생하면 그에 따른 경호실의 수행지침 또한 강화된다고 볼 수 있다.

XII. 현대 민간경호의 발달

1. 민간경호의 사회적 배경

사회 변혁에 따른 질적 향상과 더불어 범죄 증가의 불안감 또한 증대되고 있다. 그리고 현대 사회의 다원화에 따라 과거 일반적인 사회 인식의 틀과는 달리 현실적 복잡성을 내재하는 새로운 행위 유형이 생겨나게 되었다. 인간의 행동을 속박하는 사회 규범의 한 종류로 사회적 타당성이라는 추상적 사회 모럴 체계가 와해되면서 개개인의 행동양식은 일정한 틀에 구속을 받는 것보다는 자신의 개성에 따라 다변화되었으며 타인과의 관계에 있어서도 이해관계의 득실을 더 중요시하는 풍토가 자리를 잡아가게 되었다.

또한 사회 주도적 영역에서 제외된 부류의 사회적 박탈감으로 인한 불만과 그에 따른 일탈행위의 발생이 만연하게 되고, 외관적인 풍요로움에 눈높이가 맞혀진 사회 구성원들은 정당한 대가를 기대하기 보다는 쉽게 사회적 지위를 취하고 그것을 향유하기만을 바라게 되었으며 경제 기득권에 의한 분배적 측면의 사회

제도화의 미진함으로 인해 사회 주도 세력에 대한 상대적 소외감을 국민 대다수는 느끼게 되었다.

이러한 인식에 기초하여 사회 불안이란 극단적인 개인의 행동에 의한 것일 뿐만 아니라 사회 변화에 의한 필연적인 결과물이란 생각이 무의식속에 잠재되게 되었으며 대중매체에 의한 일탈적 사회 분위기의 부정적인 면이 대다수 국민들에게 전달되어 불안의 근원이 한 개인의 행위에 의한 것이기 보다는 전체 사회 흐름이 곧 불안 자체가 되어버렸다고 할 수 있다.

불안감이라는 집단 최면의 결과로 치안이란 범죄자를 단속하고 처벌을 하는 것만이 아니라 선행적으로 범죄가 일어나지 않도록 하는 것이 최대의 과제가 되었으며 범죄 발생의 원인과 대책에 있어서 사후 처벌적 방안 보다는 예방적 측면이 강조되고 있다. 그에 따라 그것을 담당하는 국가 공권력의 확대와 형식적 대민 활동이 아닌 실질적으로 범죄의 공포로부터 해방해 주기를 바라게 되었다.

하지만 어떠한 국가라도 실효적인 제도화를 이룩하기 위해서는 인적·물적 지원이 충분히 제공되어야 하기에 국내 치안 활동의 대부분을 경찰력에 맡기기에는 부족한 면이 없지 않으며 그에 대한 대안적 장치로서 민간경호가 대두되었다. 즉 현대 사회의 다원적 구조와 인간 활동 영역의 확대에 따라 경찰 인력만으로는 그 한계가 있기에 그에 따라 개인적 범죄 예방 활동 영역은 확대되었으며 그것을 혼자서 해결하기 보다는 민간경호로 하여금 대행토록 하였다.

2. 민간경호의 발전

정부의 정책에 의해 새롭게 등장한 산업시설들에 대한 경비수요가 증가하면서부터 민간경호가 본격적으로 성장하게 되었다. 이러한 시설들이 국가중요시설로 지정되면서 사적인 산업시설일지라도 그 시설이나 방호에 국가공권력을 투입할 수밖에 없었던 것이 1960~70년대 이다. 그러나 산업시설들이 점차적으로 증가해감에 따라 정부는 국가중요시설의 경비책임을 해당 시설주에게 이양하는 민영화정책을 시행하면서 청원경찰제도가 등장하게 된다. 하지만 청원경찰제도 역시 청원경찰을 고용하는 시설주 입장에서는 청원경찰의 장기근속 등에서 비롯되는 각종 비용부담을 느끼지 않을 수 없었다. 이러한 상황에서 선진국에서 시행되고 있는 민간경호제도의 도입을 적극적으로 검토하게 되었고 그 결과 1976년 말 용역경비업법이 제정되기에 이른다. 1970년대 후반부터 우리나라에서도 전문적인 민간경호업체들이 등장하기 시작했고, 그 후 민간경호제도는 기존의 청원경찰제도와 경쟁하면서 점차 그 시장을 확대해나가게 된다.

초창기의 민간경호는 국가중요시설 경비를 놓고 청원경찰과 경쟁하는 과정에서 성장의 기틀을 마련하였다. 자체적으로 시설의 경비를 운영해야 했던 국가중요시설주들이 비용과 효율성에 입각하여 청원경찰을 민간경호원으로 대체하는 과정에서 민간경호의 시장이 확대되었다. 따라서 시설경비는 산업시설과 공공기관으로부터 상업부문과 주거영역으로 확산되는 경로로 발전하였다.

민간경호가 발전하기 위해서는 그 수요를 필요로 하는 고객의 확보가 중요하다. 이러한 수요는 경제가 발전하고 소비자본주의가 확대되면서 나타나는 백화점, 대형할인매장, 금융기관 등과 같은 다중이용 상업시설의 성장은 민간경호의 수요를 증가시켰다. 더욱이 소비자 운동이 발전하고 소비자의 권리보호가 크게 강화됨에 따라 다중이용 상업시설에서의 보안은 더욱더 중요한 문제로 부상하게 된다. 보안의 수요가 증가함에도 불구하고 경찰에 의존해서는 그러한 보안의 수요를 충족시킬 수 없는 다중이용 상업시설에서는 자체적인 경호원이나 계약경호원을 통해 보안의 문제를 해결할 수밖에 없다. 다중이용 상업시설에서의 치안활동은 상황적 범죄예방의 원리에 의해 전개되면서 궁극적인 목적은 손실예방에 있다. 상업시설 내에서는 경호원에 의한 순찰활동뿐만 아니라 감시카메라와 같은 보안기술과 보안장비, 무인경비시스템들이 활용된다.

민간경호의 시장규모가 확대되기 시작한 것은 1980년대 초 대기업인 'S'사가 경호시장에 진출하면서부터이다. 'S'사가 설립한 경호업체는 우리나라 최초로 기계경비시장을 개척하였다. 'S'사의 경호업체는 금은방을 비롯한 일반점포를 시작으로 금융기관, 학교, 정부기관, 일반주택 등으로 시장을 확장해 나갔다.

우리나라 민간경호는 1990년대 중반, 즉 1996~1997년을 전후로 해서 사회 전 영역으로 확산되기 시작하였다. 1996년은 민간경호의 시장 확장기로 이행할 수 있는 기초적인 물적 토대가 완성된 시기에 해당하며, 이 때 우리나라 경제규모는 400조원에 이르렀고 1인당국민소득은 1만달러를 육박하던 시기였다. 이러한 시장상황의 변화에 부응하기 위해 1996년 7월 용역경비업법

시행령과 시행규칙이 전면적으로 개정되었다. 경호업체들도 시장 환경의 변화에 능동적으로 대응하기 위해 보다 공격적인 형태로 전환하기 시작했다.

다중이용 상업시설과 같은 공간이나 전통적인 생활세계 영역에서 보안의 수요를 자극한 것은 범죄율의 증가이다. 감소하던 침입절도와 강도는 1990년대 중반을 이후로 빠르게 증가했으며, 대중매체에 의한 범죄사건의 보도는 사람들의 범죄에 대한 두려움을 더욱더 증폭시켰다. 우리나라 민간경호가 1990년대 중반을 거치면서 생활세계의 주거공간으로까지 급속하게 시장영역을 넓힐 수 있었던 것은 근대화 과정을 거치면서 형성되어온 사회적·개인적 범죄에 대한 두려움을 극복하기 위해 민간경호에 의존을 기하려고 했다.

민간경호가 발전하고 그 역량이 증대됨에 따라 경찰에 의해 치안활동이 전개되던 공간들이 민간부문에 의한 치안활동으로 대체되는 현상이 나타났다. 그러한 현상은 공항에서 명확히 나타나고 있다. 공항의 경비는 남북이 대치한 상황 등 여러 가지 요인들로 인해 2000년대 초반까지는 여전히 경찰의 책임 하에 있었지만 2001년에 특수경비원제도가 신설되면서부터 공항경비는 경찰에서 민간부문으로 그 업무와 책임이 이양되었다(김성언, 2004).

〈표〉 민간경호 법인 및 인력 현황(2007.12.31 현재)

구분	시설경비	호송경비	신변보호	기계경비	특수경비	총계
법인 수	2,726	52	416	138	55	2,834
인력 배치	109,590	3,048	11,760	5,000	6,002	135,400

※ http://www.police.go.kr(사이버경찰청 통계자료실) 참조 재작성.

3. 민간경호의 법제화

경호 업무는 사람의 생명 및 신체에 대한 위해, 재산에 대한 침해 등을 예방하고 방지하는 업무로서 그 성격상 타인의 권리나 자유를 침해할 가능성이 많으며, 국민 생활에 밀접한 관련을 가진 업무의 특성상 그 활동에 대한 간섭과 위법·부당한 행위를 수반할 우려가 있는 영업이다. 따라서 타인의 생명과 재산에 직접적인 영향을 주는 공익적 성격을 내포하고 있으므로 그것을 담당하는 주체가 자본력과 전문성에 있어 요구되는 기준에 미달될 경우 그러한 피해는 국민이 감수하여야 한다.

그러므로 이러한 부정적 요인을 제거하고 사회적으로 유용한 산업으로 건전하게 발전시켜 나가기 위해서 그 필요한 법적 규제와 행정상의 감독을 규정하여야 한다.

민간경호에 대한 법제화는 이원적 구조로서 대표적인 법은 경비업법과 청원경찰법이 있으며, 모두 형식적 의미의 법률로서 국민의 생명, 신체 그리고 재산을 보호하고 각종 위난을 예방하는 민간 영역의 경비 활동과 그러한 업무의 실체법적 근거를 규정한 법들이다.

경비업법은 '용역경비업법'이라는 명칭으로 1976년 12월 31일 법률 제2946호에 의거 제정되었다. 그 후 현재까지 13차례 개정되었으며, 제7자 개정을 통해 현재의 '경비업법'으로 명칭이 변경되었고, 제8차 개정에 의해 국가중요시설에 대한 효율적인 경비체계의 구축을 위하여 경비업의 종류에 특수경비업무가 추가

되었다.

청원경찰법은 청원경찰의 실체법적 근거를 둔 것으로서, 여기에서 청원경찰이란 국가기관 또는 공공 단체와 그 관리 하에 있는 중요산업 시설·사업장·국내주재 외국기관 기타 행정안전부령이 정하는 중요시설·사업장 등의 장소에 기관의 장이나 경영자가 소요경비를 부담할 것을 조건으로 경찰의 배치를 신청하는 경우에 그 기관·시설 또는 사업장 등의 경비를 위하여 배치하는 경찰이다.

이 법은 청원경찰의 직무·임용·배치·보수·사회보장 기타 필요한 사항을 규정함으로써 청원경찰의 원활한 운영을 기함을 목적으로 하며, 1962년 4월 3일 법률 제1049호로 제정되어 1973년 10월 31일 법률 제2666호로 전문개정이 있은 후 9차에 걸쳐 일부 개정되었다.

4. 현대 민간경호의 발전 방향

1) 치안구조변화에 따른 민간경호의 역할 분담

사회 전반적인 치안 유지를 위해서는 공권력의 증대만이 능사가 아니며, 경찰제도의 현대적 변화와 그에 따른 시민 만족도의 극대화를 이루기 위한 일련의 제도적 보완장치의 출현은 민간경호 역할의 증대를 가져 왔다.

경찰 본래의 업무 중 법집행을 요하는 것을 제외한 부분에 있어서는 민간영역으로 이양이 가속화 될 것이며 영국과 미국 등 선진 외국의 경찰제도의 변화와 같이 민간경호의 역할 분담이 양적으로 증가 될 것이 예상된다.

그러나 우리나라에서는 그 동안 국민들뿐만 아니라 국가정책 결정권자들조차도 범죄 예방은 국가 공권력을 행사하는 경찰만이 주로 수행하는 업무인 것으로 생각하는 경향이 강하여, 그동안 민간경호업체의 역할이나 기능은 별로 인식되지 않고 대수롭지 않게 취급되어져 왔던 것이 주지의 사실이다(이윤근, 1996).

하지만 민간경호의 근본적 사회 역할은 개인 및 단체에 대한 생명과 재산을 보호하고 일정 시설물에 대한 방어 및 보호이다. 즉 그것은 사회 안전에 대해 경찰 못지않은 중심적 역할을 담당하여 경찰 업무의 단순한 보조적 역할이 아니라 독자적 직무영역을 확보하고 확대하면서 사회 안전에 적극적으로 기여한다는 것을 의미한다(공배완, 2005).

그리고 경찰 업무의 민간영역으로의 분화는 가속화 되고 있고, 국민의 치안 수요를 충족시킬 수 있는 방안으로서의 민간경호의 역할 증대에 따른 효율적 치안 환경의 조성은 범죄뿐만 아니라 모든 사회 위험 요소에 대한 예방적 작용의 실행을 가능하게 할 것이며 국민 피부에 와 닿는 치안활동 역량의 질적 발전을 이룩할 수 있을 것이다.

이러한 민간경호의 향후 발전으로 인해 안전이란 국가만이 아닌 사회 전반적인 유기체적 활동의 산물이라는 것을 국민 스스로 인식하게 될 것이며, 민간경호에 대한 신뢰 확보 방안을 모색하지 않으면 앞으로의 치안구조의 변화에 대응할 수 없게 되므로, 민간경호 또한 경찰 기타 국가 공권력 못지않은 능력을 가지고 있다는 것을 국민들에게 알려야 하며, 각 세분화 되고 특화된 영역에서의 전문 인력이 곧 국민 신뢰의 초석이 된다는 것을 깊이 인식하여야 할 것이다.

2) 민간경호업체의 내실화 및 전문화

범죄 예방의 중요성에 따라 민간경호 산업은 양적 성장을 이루었으나 경호요원들의 자질향상과 근무개선, 민간경호업체의 경쟁력 확보와 같은 질적 부분의 미비함에 따라 국민들의 민간경호에 대한 인식은 부족하다.

치안구조 변화에 따라 민간경호의 역할 분담의 필요성과 중요성은 아무리 강조해도 지나치지 않다고 본다. 하지만 경찰 업무의 민간화를 통한 양적 발전의 이면에는 그것을 감당할 수 있다는 질적 발전이 이루어져 있다는 인식이 기초하며, 그러한 질적 발전의 첩경은 우수한 인력의 확보에 따른 전문화라 할 수 있고, 그것을 이루기 위한 교육 방안이 제대로 제시되어 실질적인 교육의 성과를 가져올 수 있는 제도적 인프라가 조성되어 있어야 한다.

이러한 민간경호에 대한 교육은 그 인력의 질적 발전뿐만 아니라 그 활동의 전문성을 담보하는 초석이 됨은 물론 국민의 안전에 대한 내재적인 문제점을 좀 더 국민에게 다가가서 근원적인 해결을 모색할 수 있는 뒷받침이 된다.

민간경호에 있어서 교육은 실질적인 국민 안전 확보의 제1차적 선행조건이며, 치안 구조에 있어서 민간경호의 양적·질적 발전에 따른 역할 분담을 위한 전문성 강화의 가장 근본적인 해결책이라 할 수 있다.

통합적인 전문 인력 양성을 위한 교육기관이 경비협회와 대학

그리고 국가적 지원을 통해 지역별로 설립되어 체계적 교육 여건을 마련되어야 하고, 경호요원들에게 주어질 자격제도 도입과 그에 대한 법적 뒷받침이 필수이며, 자격제도가 경호업무에 구체적으로 적용될 수 있도록 직무수행자격에 대한 강력한 제재가 법제화되어야 한다.

그리고 전문 경호기법을 도입 그에 따른 경호업무 매뉴얼을 민간경호·경비요원으로 하여금 숙지토록 함으로써 효율적인 경호·경비임무를 수행 할 수 있도록 하여야 한다.

3) 민간경호에 대한 실질적인 행정규제 및 감독

민간경호업계의 자체적인 치유능력의 신장과 그 근간을 이루기 위해서는 현행 행정 규제 및 감독은 강화되어야 하며 그 실효성을 확보하기 위해서는 국내 민간경ㅎ 법인 설립 시 그 선행 조건으로 경비업자의 자격 요건을 경비업법상 명시하여야 할 것이며, 일정한 경호 관련 학력과 경력을 필수적으로 갖추도록 하여야 한다. 또한 허가 시 업체의 시설 기준을 강화하여 영세 업체의 난립과 서비스 저하를 미연에 방지하도록 하기 위해 자본금을 상향조정하고 대체 인력을 확보하기 위해 경비인력을 확대하여야 하며 각 기준에 맞게 구비되었는지 실질적인 심사가 이루어져야 할 것이다

그리고 허가 이후에 지속적인 감독이 이루어지지 않으면 그 취지가 희석되므로 민간경호 관련 감독기관을 독립적으로 운영하여 실질적인 이행을 담보하여야 할 것이며, 허위 또는 부당한 방법에 의한 허가 취득과 위법·부당한 도급업무 수행 및 경비지도사

선임의 편법적 행위는 그 처벌이 강화 되어야 한다. 사회적 안전대책의 공적 업무를 수행함에 있어 자격 미달 또는 감독 부재에 의한 편법적 행위에 따른 국민의 피해를 방지하기 위해서 위법·부당한 행위 유형을 구체적으로 제시하여 그에 따른 법적 책임을 확실히 물어야 할 것이다.

따라서 실질적인 행정규제와 감독에 따른 업계 자체적인 정화기능을 회복하도록 함으로써 민간경호의 치안활동 담당의 신뢰성을 담보로 치안구조에서의 독립적인 업무수행을 제고하여 경찰기능의 한계에 따른 치안환경 변화에 대처할 수 있도록 하여야 할 것이다.

4) 민간경호산업의 지역 균형적 발전

현재 우리나라 민간경호업체의 수는 전체 2,834개로서 그 중 약 60%이상(1,701개)이 서울 및 인천, 경기지역에 집중되어 있다. 또한 전체 시설경비 도급건수의 70% 이상이 수도권 지역에서 이루어지고 있으며, 민간경비원의 절반 이상이 수도권에 배치되고 있는 실정이다.

이러한 불균형을 해소하고 지역 전반적인 민간경호산업의 발전을 위해서는 민간경호업체는 각 지방자치단체에 대하여 그 지방자치단체만이 가지고 있는 특수한 상황이나 지역적 특성을 감안하여 대민서비스 설계모형을 설계하여 구축하여야 한다(정상화, 1999). 즉 경호업체의 지역적 특성에 맡는 경호·경비업무를 개발하여야 하며, 그 지역별로 특수한 상황에 있거나 점차 다양화되고 증가하는 지역주민의 대민 치안서비스에 대한 욕구를 충분히 충족시킬 수 있도록 각 지역별로 서로 다른 치안환경을 감안한 조직적인 설계가 있어야 한다. 또한 지역실정에 맞는 치안환경을 감안한 조직설계에 따른 민간경호업체의 인력 채용·배치 등에 적절한 조정이 필요하며, 지방자치단체에 있어서의 지역주민의 참여가능성을 증대시켜야 한다.

그리고 지역 민간경호 업체 선정에 있어서 그 요건을 구체적으로 적시하고 실질적 지방자치단체의 감독이 선행되어야 하며, 지역적 특성을 고려한 범죄 사각 지대에 대한 방범, 순찰 영역에 있어 기계설비 및 현장 요원의 파견에 관한 경찰과의 합의를 도출하여, 감독자로서의 경찰 인력만으로 우범지역에 대한 모니터링과 지원 사항에 관한 현장 요원의 활동은 모두 민간경비업체에서 담당하여야 할 것이다. 이를 위해서는 지방경찰제도와 맞물려 지역주민과의 공청회를 통하여 민간경호영역의 공경호 활동에 관한 합의를 도출하여야 하며, 경찰과의 역할 분담을 엄격히 하여 경찰 대응 전 단계의 모든 예방적 체계를 확립하여야 한다.

5) 민간경호에 대한 치안서비스의 민간 위탁

민간위탁을 통한 치안서비스 제공이란 기존의 민영화개념을 뛰어 넘어 보다 치유적이며 처방적인 경쟁화의 개념을 도입한 것이다. 종전까지 공공부문에 의해 수행되어오던 업무를 민간부문과의 비교경쟁을 통해 비교열세를 가지는 부문을 적극적이고 전향적으로 민간부문에 이전시킴으로써 공공부문의 경비절감에 따른 효율성 증대와 민간부문의 역동성과 창의성에 힘입은 행정서비스의 질적 향상을 도모함으로써 이에 따른 반사적 이익을 국민들이 가질 수 있도록 하는 새로운 행정운영전략이라 할 수 있다(이병철, 2000).

미국 주정부와 지방정부들은 공공서비스 제공에 많은 부분을 민간위탁을 통해 소화하고 있으며, 공공형태, 공공·민간혼합형태, 민간형태로 나누어 다양한 분야에서 민간위탁을 실시하고 있다(김황규, 2003).

이러한 민간위탁을 통한 치안서비스의 제공에 있어서는 공공안전을 위한 업무상의 특수성을 감안하여야 하며, 치안분업모델을 설계하여 경찰은 체포·수사를 주로 하는 치유적·진압적 활동에 주력하고 민간경비는 손실예방·감시 등의 범죄예방활동을 주 업무로 하여야 한다. 또한 사회내 모든 기관과 단체, 지역공동체, 개인들이 모두 참여할 수 있도록 기회를 제공하되, 민간위탁 계약방식은 종래 일반 공개입찰이 아닌 다각도로 검증된 일정 수준 이상의 업체들을 대상으로 지명경쟁입찰을 시행하고 이렇게 이루어진 경합에서 가장 효율적이고 서비스의 안정성을 보장할 수 있는 업체를 선정하도록 하여야 한다(최정택, 2006).

이러한 민간위탁에 따른 치안서비스의 공공적 제공은 자치경찰 시행에 따라 자치경찰이 하는 특별사법경찰관의 업무 전반에 걸쳐 가능하다. 그 중에서 가장 가능성이 높은 것으로는 산림, 그 임산물과 수렵에 관한 범죄예방을 위한 산림보호와 경영업무, 문화재보호법에 규정된 범죄, 동법 상 지정구역 내 경범죄처벌법에 규정한 범죄의 현행범체포 등의 문화재 관리업무, 자연공원법에 규정된 범죄, 경범죄처벌법에 규정된 범죄의 현행범 체포 등의 공원관리업무를 할 가능성이 있다.

그리고 청소년보호법에 규정된 범죄를 예방하는 청소년보호업무[1]), 자동차관리법에 규정된 무등록자정비업, 자동차무단방치에 관한 범죄, 자동차손해배상보장법에 규정된 강제보험미가입자동차운행에 관한 범죄를 예방하는 무등록자동차정비업, 자동차 무단방치 및 강제보험 미가입 자동차운행 단속 업무 등을 할 가능성이 있다.

민간경호에 대한 치안서비스 위탁은 민간경호와 지역의 연계성을 확보하도록 하여, 지역사회에서의 민간경호의 역할을 증대시키고, 치안구조변화에 맞는 치안서비스 모형을 제시할 수 있다고 본다.

1) 교육부는 2007년 3월 13일 '안전한 학교 만들기 사업'의 일환으로 보안전문업체인 KT텔레캅이 청소년 유해환경 지역을 순찰하고 신변보호 서비스를 제공하며 어린이 보호구역에 CCTV시스템을 구축하는 것 등을 골자로 한 양해각서(MOU)를 체결하였으며, 전국 주요 도시에 거주하는 학생은 4월 1일부터 등하굣길에 폭력을 당하거나 신체적 위험 상황에 놓인다면 민간경호업체가 제공하는 신변안전서비스를 무료로 활용할 수 있게 된다(세계일보, 2007.3.14.).

부 록

1. 한국 공경비(경찰) 제도 약사
2. 대통령 경호 약사
3. 현행 경호 관련 법제
4. 경호 관련 사례
5. 북한의 경호 조직

부 록

1. 한국 공경비(경찰)제도 약사(略史)

부족국가 시대

■ 고조선

- 8조금법의 존재(3조목만 전해짐)
- 살인에 대한 사형과 상해에 대한 곡물배상, 절도에 대해서는 노비 또는 오십만전 배상
- 법집행 능력과 조직(치안행정조직 또는 군사력)을 추정

■ 부여

- 살인자에 대한 사형과 그 가족의 노비화
- 절도에 대한 12배 배상
- 간음과 투기는 모두 사형
- 제천행사인 '영고' 기간 형옥 중단 및 죄인 석방

■ 고구려

- 범죄자에 대한 대가들의 제가회의 결정으로 형벌 결정
- 일책십이법(부여와 유사)
- '동맹' 기간 형옥 중단 및 죄인 석방

■ 동예 및 삼한

- 동예 : 책화제도에 따른 읍락경계 침범자에 대한 노예 또는 우마 배상
- 삼한 : 제정분리에 따른 천군의 지배지인 소도는 치외법권지역

삼국 시대

■ 고구려

- 지방을 5부로 나누고 '욕살'이 지방행정과 치안 책임을 담당

■ 백제

- 6좌평제
- 위사좌평(숙위 및 군사 담당), 조정좌평(사법 및 치안 담당), 병관좌평(지방군사 담당)
- 수도 방위 : 5부에 달솔 등급이 담당
- 지방 : 5방제, 방령

■ 신라

- 엄격한 신분제(골품제)
- 필요에 따라 병부, 품주, 사정부 등의 관부를 설치

통일 신라

- 이방부 : 좌우로 분리, 범죄 수사와 집행
- 지방을 9주 5소경으로 분할, 주에는 총관, 소경에는 사신을 둠
- 주 밑에는 군 · 현 · 촌 · 향 · 소 · 부곡
- 향 · 소 · 부곡은 특수 천민부락으로 자율적 치안
- 장보고의 '청해진' : 해양경찰

고려시대

- 제6대 성종 때 중앙관제는 3성6부제, 지방관제로 12목 설치
- 3성(중서성, 문하성, 상서성)과 6부 중 '병무' 및 법률 · 소송 담당의 '형부'는 경찰기능 수행
- 중앙군으로서 2군 6위 중 금오위는 수도 경찰업무 담당
- 지방 현에 현위를 장으로 하는 위아는 경찰서 추정
- 삼별초 : 최씨 정권 사병, 경찰기능도 수행
- 순군만호부 : 원나라의 포도기관인 순마소를 고려에 설치, 순군만호부로 개편, 방도금란 임무 및 왕권보호 등의 정치경찰 활동

조선시대

- 의금부 : 정치경찰로서 왕족의 범죄, 국사범 등 특별범죄 등 관장
- 경찰권이 일원화 되어 있지 않아 중앙 각 관청 직권으로 위법자 체포 및 구금
- 사헌부 : 감찰 및 풍속 단속
- 포도청 : 성종 2년 포도장제에서 유래되어 중종 39년(1544) 포도청 명칭 등장
  조선시대 최초 전문적 경찰기관으로서 도적 체포와 야간순찰 실시
  1894년 '경무청관제직장' 제정으로 한성부에 경무청 설치됨으로써 폐지
- 다모 : 양반집 수색 및 여성 범죄자 체포
- 암행어사 : 조선 초 정보경찰로서 이후 감찰기관의 성격

갑오경장 이전의 경찰제도 특징

- 군사작용 등 다른 행정작용에서 분리되지 못함
- 일원화 되지 못하고 각 기관에 분산되어 관장
- 전제왕권 유지를 위한 전제적 경찰활동
- 중국의 영향

갑오경장(1894) 이후 한일합병(1910) 이전

- 경찰기능의 분화(직무범위는 광범위 - 위생, 감옥, 소방 등)

- 근대적 의미의 경찰체제
- 일본 각의의 요구에 따라 경찰 찬성(법무아문관리사법행정경찰)
- 경무청관제직장 및 행정경찰장정 제정
- 한성부 내 경찰 및 감옥사무관할의 경무청 설치
- 1895년 '내부관제' 제정 - 내무대신의 지휘감독권 및 경찰권 통일, 고문경찰제 실시
- 궁내 경찰서 신설
- 1900년 '경부관제'에 따라 독립된 중앙관청인 경부 설치(중앙과 지방의 이원적 체제)
- 1902년 경무청 체제로 전환, 오늘날 경찰청의 원형
- 을사조약으로 한국경찰권 상실(1910)
- 정부수립(1948) 이후 -
- 1948년 내무부 경찰체제 출범
- 중앙경찰조직으로 내무부 보조기관으로서 치안국 설치
- 1953년 해양경찰 설치 및 경찰관직무집행법 제정
- 1968년 전투경찰대 설치 및 향토예비군 창설
- 1979년 경찰대학 설치법 제정 및 1981년 경찰대학 설립
- 1982년 의무경찰제도 실시
- 1991년 경찰법 제정

경찰법 제정 이후의 경찰제도

- 경찰조직법
- 경찰의 정치적 중립성

- 경찰청장, 지방경찰청장의 행정관청화
- 경찰위원회 제도 도입
- 1996년 해양경찰 사무 해양수산부 이관

2. 대통령 경호 약사

(http://www.pss.go.kr(대통령실 경호처) 참조)

제1공화국

- 1948. 7. 24. 초대 이승만 대통령 취임
- 1948. 8. 15. 이승만 대통령 암살 미수 사건
  (남로당 특별공작대원 5명 - 경무대 입구 행차로상 폭약 매설)
- 1950. 4. 21. 경무대 경찰서에서 대통령 경호 담당
- 1952. 6. 25. 이승만대통령 암살 미수 사건
  (한독당계 김재호 등 - 중앙청 개천절 행사장에서 수류탄 투척)
- 1960. 4. 26. 부통령 경호 - 서울시경이 담당
- 1960. 4. 26. 이승만 대통령 하야
- 1960. 6. 15. 헌법 제3차 개정(내각책임제)
- 1960. 6. 29. 청와대 경찰파견대 설치

제2공화국

- 1960. 8. 13. 제4대 윤보선 대통령 취임
- 1960. 12. 30. 경무대를 청와대로 개칭

- 1960. 5. 16. 군사혁명
  경호담당 : 국가재건최고회의 의장 경호대
  경비담당 : 서울시경 소속 청와대 경찰관파견대
- 1961. 11. 18. 중앙정보부 경호대 발족
- 1962. 3. 24. 박정희 국가재건최고회의 의장 대통령 권한대행
- 1963. 12. 14. 대통령경호실법 제정

제3공화국

- 1963. 12. 17. 제5대 박정희 대통령 취임
- 1963. 12. 17. 대통령경호실 독립
  대통령과 그 가족, 대통령 당선 확정자와 그 가족, 경호실장이 인정하는 국내·외 요인 경호
  대통령 관저 경비
- 1968. 3. 30. 대통령경호실법시행령 개정(청와대 방어계획 및 보안활동 강화)
- 1970. 7. 3. 국립묘지 현충문 폭발물 설치 미수(북한 노동당 연락부 소속 무장공작원 3명)
- 1971. 7. 31. 청와대 폭파기도 미수 사건

제4공화국

- 1972. 12. 27. 유신헌법 공포(제8대 박정희 대통령 취임)
- 1974. 4. 27. 청와대 폭파기도 미수 사건(재일교포 2인 검거)
- 1974. 8. 15. 박정희 대통령 시해 미수 사건(육영수 여사 저격)

- 1974. 9. 11. 대통령경호·경비안전대책위원회 설치
- 1979. 10. 26. 박정희 대통령 서거(10.26 사건)

제5공화국

- 1980. 9. 11. 제11대 전두환 대통령 취임
- 1980. 8. 26. 대통령경호실법시행령 개정(전직대통령과 그 가족 경호)
- 1983. 10. 9. 미얀마 아웅산 묘소 폭파 사건
- 1987. 12. 대통령 당선확정자 전담 경호대 편성 및 운영

제6공화국

- 1988. 2. 25. 제13대 노태우대통령 취임
- 1988. 8. 22. 제1차 대통령경호실 경호요원 공개채용 실시

문민정부

- 1993. 2. 25. 제14대 김영삼 대통령 취임
- 1993. 3. 8. 청와대 앞 길 및 인왕산 개방
- 1993. 4. 1. 대테러 관련 전담부서 신설
- 1993. 7. 1. 무궁화동산 조성(안전가옥 철거)

국민의 정부

- 1998. 2. 25. 제15대 김대중 대통령 취임
- 1999. 5. 3. 경호종합훈련장 개설

- 2000. 1. 1. 경호원 별정직에서 특정직으로 전환
- 2000. 10. 19. 제3차 아시아 · 유럽 정상회의 개최(경호안전통제단 운용)
- 2002. 5. 31. 2002 한일월드컵축구경기대회 개최
  청와대월드컵안전대책단 및 월드컵경호안전통제부 운용

참여정부

- 2003. 2. 25. 제16대 노무현 대통령 취임
- 2003. 4. 18. 대통령휴양시설 청남대 반환(경비전담부대 임무 해제)
- 2003. 5. 1. 청와대 주변지역 통제 완화
- 2003. 9. 9. 대통령 경호 의전 체계 개선
  (탈권위주의 행사체제, 국민 친화적 이미지 창출)
- 2004. 3. 12 ~ 5. 14. 대통령 탄핵에 따른 대통령권한대행 경호임무 수행
  대통령권한대행(고건 국무총리)과 그 배우자
- 2004. 4. 12. 여성경호공무원 공개채용 최초 실시
- 2005. 1. 1. 부산 APEC 경호임무통제단 발족, 각국 정상 경호임무 수행 준비
- 2005. 2. 24. 김영삼 대통령 경호임무 해제(경찰청으로 이관)

이명박 정부

- 2008. 2. 25. 제17대 이명박 대통령 취임

- 2008. 2. 29. 대통령경호실법을 '대통령등의 경호에 관한 법률'로 개정
  '정부조직법' 개정으로 대통령실 산하 경호처로 개편

3. 현행 경호 관련 법제

1) 대통령등의 경호에 관한 법률

용어 정의

- "경호"라 함은 경호대상자의 생명과 재산을 보호하기 위하여 신체에 가하여지는 위해를 방지 또는 제거하고, 특정한 지역을 경계·순찰 및 방비하는 등의 모든 안전활동을 말한다.
- "경호구역"이라 함은 제3조에 따른 경호처소속 공무원이 경호활동을 하는 구역을 말한다.
- "소속공무원"이라 함은 경호처 직원과 경호처에 파견된 자를 말한다.

경호처의 설치

- 「정부조직법」 제14조의 규정에 의한 대통령 등의 경호에 관한 사무를 분장하기 위하여 대통령실장(이하 "실장"이라 한다) 소속으로 경호처를 둔다.
- 경호처에 경호처장을 두되, 정무직으로 보한다.
- 처장은 경호에 관한 사무를 통할하고 소속 공무원을 지휘·

감독한다.

- 경호처에 차장 1인을 두되, 차장은 1급의 경호공무원 또는 고위공무원단에 속하는 별정직국가공무원으로 보한다.
- 차장은 처장을 보좌하며, 처장이 부득이한 사유로 직무를 수행할 수 없을 때에는 그 직무를 대행한다.
- 경호처의 조직과 공무원의 정원 그 밖에 필요한 사항은 대통령령으로 정한다.

경호대상

- 대통령과 그 가족
- 대통령당선인과 그 가족
- 본인의 의사에 반하지 아니하는 경우에 한하여 퇴임 후 7년 이내의 전직대통령과 그의 배우자 및 자녀.
- 대통령권한대행과 그 배우자
- 방한하는 외국의 국가원수 또는 행정수반과 그 배우자
- 그 밖에 처장이 경호가 필요하다고 인정하는 국내외 요인

※ 가족의 범위

- "가족"이란 대통령 및 대통령당선인의 배우자와 직계존비속을 말한다.
- 경호처가 경호하는 전직대통령의 배우자와 자녀에 있어서 전직대통령과 동거하지 아니하는 자, 혼인한 자녀, 군에 복무중인 자, 외국에 체류 중인 자는 제외한다.

경호구역의 지정

- 처장은 경호업무의 수행에 필요하다고 판단되는 경우 실장

의 승인을 받아 경호구역을 지정할 수 있다. 다만, 처장은 경호목적상 필요하다고 인정되는 상당한 이유가 있을 때에는 먼저 경호구역을 지정한 후 이를 실장에게 보고할 수 있다.

- 경호구역의 지정은 경호목적 달성을 위한 최소한의 범위로 한정되어야 한다.
- 소속공무원은 경호목적상 불가피하다고 인정되는 상당한 이유가 있는 경우에 한하여 경호구역 안에서 질서유지, 교통관리, 검문·검색, 출입통제, 위험물의 탐지 및 안전조치 등 위해방지에 필요한 안전 활동을 할 수 있다.

비밀의 엄수

- 소속공무원(퇴직한 자 및 원 소속기관에 복귀한 자를 포함)은 직무상 알게 된 비밀을 누설하여서는 아니된다.
- 소속공무원이 경호처의 직무와 관련된 사항을 발간 기타의 방법으로 공표하고자 하는 때에는 미리 처장의 허가를 받아야 한다.

국가기관 등에 대한 협조요청

- 처장은 직무상 필요하다고 인정할 때에는 실장의 명을 받아 국가기관·지방자치단체 기타 공공단체의 장에게 그 공무원 또는 직원의 파견 기타 필요한 협조를 요청할 수 있다. 다만, 처장은 경호목적상 필요하다고 인정되는 상당한 이유가 있을 때에는 먼저 국가기관 등에 대해 필요한 협조요청을 한 후 이를 실장에게 보고할 수 있다.

대통령경호안전대책위원회

- 대통령 등 제4조제1항의 규정에 따른 경호 대상에 대한 경호업무를 수행함에 있어 관계부처의 책임을 명확하게 하고, 협조를 원활하게 하기 위하여 경호처에 대통령경호안전대책위원회를 둔다.
- 위원회는 다음 사항을 관장한다.
  - 대통령에 대한 경호에 필요한 안전대책과 관련된 업무의 협의
  - 대통령에 대한 경호와 관련된 첩보 및 정보의 교환과 분석
  - 그 밖에 대통령 등 제4조 제1항의 규정에 따른 경호 대상에 대한 경호 상 필요하다고 인정되는 업무

경호공무원의 사법경찰권

- 처장의 제청에 의하여 서울중앙지방검찰청검사장이 지명한 경호공무원은 제4조의 직무수행중 인지하는 그 소관에 속하는 범죄에 관하여 직무상 또는 수사상 긴급을 요하는 한도 내에서 사법경찰관리의 직무를 행할 수 있다.
- 7급 이상 경호공무원은 사법경찰관, 8급 이하 경호공무원은 사법경찰리의 직무를 행한다.

직권남용금지

- 소속공무원은 직권을 남용하여서는 아니된다.
- 경호처에 파견된 경찰공무원은 이 법에 규정된 임무 이외의 경찰행위를 할 수 없다.

무기의 휴대 및 사용

- 처장은 직무를 수행하기 위하여 필요하다고 인정할 때에는 소속공무원에게 무기를 휴대시킬 수 있다.
- 무기를 휴대하는 자는 그 직무를 수행함에 있어서 필요하다고 인정하는 상당한 이유가 있을 경우 그 사태에 응하여 부득이하다고 판단되는 한도내에서 무기를 사용할 수 있다.

※ 위해금지 예외

- 형법에 규정한 정당방위와 긴급피난에 해당하는 때
- 직무진행 중 인지하는 소관에 속하는 범죄에 관하여 사형·무기 또는 장기 3년이상의 징역 또는 금고에 해당하는 죄를 범하고 또는 범하였다고 의심할 만한 충분한 이유가 있는 자가 소속 공무원의 직무집행에 대하여 항거하거나 도피하려고 할 때 또는 제3자가 그를 도피시키려고 소속 공무원에게 항거할 때에 이를 방지 또는 체포하기 위하여 무기를 사용하지 아니하고는 다른 수단이 없다고 인정되는 상당한 이유가 있을 때
- 야간이나 또는 집단을 이루거나 흉기 기타 위험한 물건을 휴대하여 경호업무를 방해하기 위하여 소속공무원에 항거할 때 이를 방지 또는 체포하기 위하여 무기를 사용하지 아니하고는 다른 수단이 없다고 인정되는 상당한 이유가 있을 때

2) 대통령경호안전대책위원회규정

구성

- 대통령경호안전대책위원회의 위원은 국가정보원 6국장, 외교통상부 재외동포영사국장, 법무부 출입국·외국인정책본부장, 국방부 조사본부장, 문화체육관광부 관광국장, 방송통신위원회 방송통신정책실장, 국토해양부 항공철도국장, 관세청 조사감시국장, 대검찰청 공안기획관, 경찰청 보안국장, 해양경찰청 경비구난국장, 합동참모본부 작전부 작전처장, 국군기무사령부 1처장, 수도방위사령부 작전처장과 위원장이 임명 또는 위촉하는 자로 구성한다.

책임

- 대통령경호안전대책활동에 관하여는 위원회 구성원 전원과 그 구성원이 속하는 기관의 장이 공동으로 책임을 지며, 각 구성원은 위원회의 결정사항 기타 안전대책활동을 위하여 부여된 임무에 관하여 상호간 최대한의 협조를 하여야 한다.

분장책임

- 대통령실 경호처장
  - 안전대책활동에 관한 전반적인 업무를 총괄하며 필요한 안전대책활동지침을 수립하여 관계부서에 부여
- 국가정보원 6국장
  - 입수된 경호 관련 첩보 및 정보의 신속한 전파·보고

- 위해요인의 제거
- 정보 및 보안대상기관에 대한 조정
- 행사참관 해외동포 입국자에 대한 동향파악 및 보안조치
- 그 밖에 국내·외 경호행사의 지원

◦ 외교통상부 재외동포영사국장
- 입수된 경호 관련 첩보 및 정보의 신속한 전파·보고
- 사증발급지원
- 그 밖에 국내·외 경호행사의 지원

◦ 출입국·외국인정책본부장
- 입수된 경호 관련 첩보 및 정보의 신속한 전파·보고
- 위해용의자에 대한 출입국 및 체류관련 동향의 즉각적인 전파·보고
- 그 밖에 국내·외 경호행사의 지원

◦ 국방부 조사본부장
- 입수된 경호 관련 첩보 및 정보의 신속한 전파·보고
- 경호임무 수행을 위한 군 헌병업무 지원
- 군 관련 사고 및 사건의 접수·처리·분석 및 대책의 수립
- 그 밖에 국내·외 경호행사의 지원

◦ 문화체육관광부 관광국장
- 입수된 경호 관련 첩보 및 정보의 신속한 전파·보고
- 그 밖에 국내·외 경호행사의 지원

◦ 방송통신위원회 방송통신정책실장
- 입수된 경호 관련 첩보 및 정보의 신속한 전파·보고
- 경호임무 수행을 위한 정보통신업무의 지원
- 정보통신망을 이용한 경호 관련 위해사항의 확인

- 그 밖에 국내·외 경호행사의 지원

- 국토해양부 항공철도국장
  - 입수된 경호 관련 첩보 및 정보의 신속한 전파·보고
  - 민간항공기의 행사장 상공비행에 대한 통제 및 협조
  - 육로 및 철로와 공중기동수단에 대한 통제 및 협조
  - 그 밖에 국내·외 경호행사의 지원
- 관세청 조사감시국장
  - 입수된 경호 관련 첩보 및 정보의 신속한 전파·보고
  - 출입국자에 대한 검색 및 검사
  - 휴대품·소포·화물에 대한 검색
  - 그 밖에 국내·외 경호행사의 지원
- 대검찰청 공안기획관
  - 입수된 경호 관련 첩보 및 정보의 신속한 전파·보고
  - 위해음모 발견시 수사지휘 총괄
  - 위해가능인물의 관리 및 자료수집
  - 국제테러범죄 조직과 연계된 위해사범의 방해책동 사전차단
  - 그 밖에 국내·외 경호행사의 지원
- 경찰청 보안국장
  - 입수된 경호 관련 첩보 및 정보의 신속한 전파·보고
  - 위해가능인물에 대한 동향파악
  - 행사참석자 및 종사자의 신원조사
  - 입국체류자중 위해가능인물에 대한 동향 파악
  - 행사장·기동로 주변 집회 및 시위관련 정보제공과 비상상황 방지대책의 수립

- 우범지대 및 취약지역에 대한 검문·검색
- 행사장 및 행차로 주변에 산재한 물적 취약요소에 대한 안전조치
- 행차로 요충지 등에 정보센터 설치·운영
- 총포·화약류의 영치관리와 봉인 등 안전관리
- 불법무기류의 색출 및 분실무기의 수사
- 그 밖에 국내·외 경호행사의 지원

- 해양경찰청 경비구난국장
  - 입수된 경호 관련 첩보 및 정보의 신속한 전파·보고
  - 해상에서의 경호·테러예방 및 안전조치
  - 그 밖에 국내·외 경호행사의 지원
- 합동참모본부 작전부 작전처장
  - 입수된 경호 관련 첩보 및 정보의 신속한 전파·보고
  - 안전대책활동에 대한 육·해·공군업무의 총괄 및 협조
  - 그 밖에 국내·외 경호행사의 지원
- 국군기무사령부 1처장
  - 입수된 경호 관련 첩보 및 정보의 신속한 전파·보고
  - 군내 행사장에 대한 안전 활동
  - 군내 위해가능인물에 대한 동향파악
  - 행사참석자 및 종사자의 신원조사
  - 군부대 동향 파악
  - 행차로 주변 군 시설물에 대한 안전조치
  - 취약지에 대한 검문·검색
  - 경호유관시설에 대한 보안지원 활동
  - 그 밖에 국내·외 경호행사의 지원

- 수도방위사령부 작전처장
  - 입수된 경호 관련 첩보 및 정보의 신속한 전파·보고
  - 수도권 진입로 및 취약지에 대한 검문·검색
  - 그 밖에 국내·외 경호행사의 지원

3) 경찰관직무집행법

경찰 직무 범위

① 범죄의 예방·진압 및 수사

② 경비·요인경호·대간첩작전수행

③ 치안정보의 수집·작성·배포

④ 교통의 단속과 위해의 방지

⑤ 기타 공공의 안녕과 질서유지

권한 범위

- 불심검문
  - 수상한 거동 기타 주위의 사정을 합리적으로 판단하여 어떠한 죄를 범하였거나 범하려 하고 있다고 의심할 만한 상당한 이유가 있는 자 또는 이미 행하여진 범죄나 행하여지려고 하는 범죄행위에 관하여 그 사실을 안다고 인정되는 자를 정지시켜 질문할 수 있다.
  - 그 장소에서 질문을 하는 것이 당해인에게 불리하거나 교통의 방해가 된다고 인정되는 때에는 질문하기 위하여 부근의 경찰서·지구대·파출소 또는 출장소에 동행할 것을 요구할 수 있다. 이 경우 당해인은 경찰관의 동행요구를

거절할 수 있다.

- 경찰관은 질문을 할 때에 흉기의 소지여부를 조사할 수 있다.
- 질문하거나 동행을 요구할 경우 경찰관은 당해인에게 자신의 신분을 표시하는 증표를 제시하면서 소속과 성명을 밝히고 그 목적과 이유를 설명하여야 하며, 동행의 경우에는 동행장소를 밝혀야 한다.
- 동행을 한 경우 경찰관은 당해인의 가족 또는 친지 등에게 동행한 경찰관의 신분, 동행장소, 동행목적과 이유를 고지하거나 본인으로 하여금 즉시 연락할 수 있는 기회를 부여하여야 하며, 변호인의 조력을 받을 권리가 있음을 고지하여야 한다.
- 동행을 한 경우 경찰관은 당해인을 6시간을 초과하여 경찰관서에 머물게 할 수 없다.
- 당해인은 형사소송에 관한 법률에 의하지 아니하고는 신체를 구속당하지 아니하며, 그 의사에 반하여 답변을 강요당하지 아니한다.

◉ 보호조치

- 경찰관은 수상한 거동 기타 주위의 사정을 합리적으로 판단하여 ① 정신착란 또는 술 취한 상태로 인하여 자기 또는 타인의 생명·신체와 재산에 위해를 미칠 우려가 있는 자와 ②자살을 기도하는 자 ③미아·병자·부상자등으로서 적당한 보호자가 없으며 응급의 구호를 요한다고 인정되는 자(당해인이 이를 거절하는 경우에는 예외)에 해당함이 명백하며 응급의 구호를 요한다고 믿을 만한 상당한 이

유가 있는 자를 발견한 때에는 보건의료기관 또는 공공구호기관에 긴급구호를 요청하거나 경찰관서에 보호하는 등 적당한 조치를 할 수 있다.

- 긴급구호요청을 받은 보건의료기관이나 공공구호기관은 정당한 이유 없이 긴급구호를 거절할 수 없다.
- 피구호자가 휴대하고 있는 무기·흉기등 위험을 야기할 수 있는 것으로 인정되는 물건은 경찰관서에 임시 영치할 수 있다.
- 경찰관이 조치를 한 때에는 지체 없이 이를 피구호자의 가족·친지 기타의 연고자에게 그 사실을 통지하여야 하며, 연고자가 발견되지 아니할 때에는 피보호자를 적당한 공중보건의료기관이나 공공구호기관에 즉시 인계하여야 한다.
- 경찰관은 피구호자를 공중보건의료기관 또는 공공구호기관에 인계한 때에는 즉시 그 사실을 소속 경찰서장 또는 지방해양경찰관서의 장에게 보고하여야 한다.
- 보고를 받은 소속 경찰서장 또는 지방해양경찰관서의 장은 대통령령이 정하는 바에 의하여 피구호자를 인계한 사실을 지체 없이 당해 공중보건의료기관·공공구호기관의 장 및 그 감독행정청에 통보하여야 한다.
- 경찰관서에서의 보호는 24시간을,임시영치는 10일을 초과할 수 없다.

◈ 위험발생의 방지

- 경찰관은 인명 또는 신체에 위해를 미치거나 재산에 중대한 손해를 끼칠 우려가 있는 천재, 사변, 공작물의 손괴,

교통사고, 위험물의 폭발, 광견·분마류등의 출현, 극단한 혼잡 기타 위험한 사태가 있을 때에는 ① 그 장소에 집합한 자, 사물의 관리자 기타 관계인에게 필요한 경고, ② 특히 긴급을 요할 때에는 위해를 받을 우려가 있는 자를 필요한 한도 내에서 억류하거나 피난, ③ 그 장소에 있는 자, 사물의 관리자 기타 관계인에게 위해 방지 상 필요하다고 인정되는 조치를 하게 하거나 스스로 그 조치를 할 수 있다.

- 경찰관서의 장은 대간첩작전수행 또는 소요사태의 진압을 위하여 필요하다고 인정되는 상당한 이유가 있을 때에는 대간첩작전지역 또는 경찰관서·무기고등 국가중요시설에 대한 접근 또는 통행을 제한하거나 금지할 수 있다.
- 경찰관이 조치를 한 때에는 지체 없이 이를 소속경찰관서의 장에게 보고하여야 한다.
- 위의 조치를 하거나 보고를 받은 경찰관서의 장은 관계기관의 협조를 구하는 등 적당한 조치를 하여야 한다.

● 범죄의 예방과 제지

- 경찰관은 범죄행위가 목전에 행하여지려고 하고 있다고 인정될 때에는 이를 예방하기 위하여 관계인에게 필요한 경고를 발하고, 그 행위로 인하여 인명·신체에 위해를 미치거나 재산에 중대한 손해를 끼칠 우려가 있어 긴급을 요하는 경우에는 그 행위를 제지할 수 있다.

● 위험방지를 위한 출입

- 경찰관은 제5조제1항·제2항 및 제6조제1항에 규정한 위험한 사태가 발생하여 인명·신체 또는 재산에 대한 위해

가 절박한 때에 그 위해를 방지하거나 피해자를 구조하기 위하여 부득이 하다고 인정할 때에는 합리적으로 판단하여 필요한 한도 내에서 타인의 토지·건물 또는 선차 내에 출입할 수 있다.

- 흥행장·여관·음식점·역 기타 다수인이 출입하는 장소의 관리자 또는 이에 준하는 관계인은 그 영업 또는 공개시간 내에 경찰관이 범죄의 예방 또는 인명·신체와 재산에 대한 위해예방을 목적으로 그 장소에 출입할 것을 요구한 때에는 정당한 이유 없이 이를 거절할 수 없다.
- 경찰관은 대간첩작전수행에 필요한 때에는 작전 지역 안에 있어서의 위 규정된 장소 안을 검색할 수 있다.
- 경찰관이 필요한 장소에 출입할 때에는 그 신분을 표시하는 증표를 제시하여야 하며, 함부로 관계인의 정당한 업무를 방해하여서는 아니 된다.

◎ 사실의 확인 등

- 경찰관서의 장은 직무수행에 필요하다고 인정되는 상당한 이유가 있을 때에는 국가기관 또는 공사 단체 등에 대하여 직무수행에 관련된 사실을 조회할 수 있다. 다만, 긴급을 요할 때에는 소속경찰관으로 하여금 현장에 출장하여 당해 기관 또는 단체의 장의 협조를 얻어 그 사실을 확인하게 할 수 있다.
- 경찰관은 미아를 인수할 보호자의 여부, 유실물을 인수할 권리자의 여부 또는 사고로 인한 사상자를 확인하기 위하거나 행정처분을 위한 교통사고조사상의 사실을 확인하기 위하여 필요한 때에는 관계인에게 출석을 요하는 사유·

일시 및 장소를 명확히 한 출석요구서에 의하여 경찰관서에 출석할 것을 요구할 수 있다.

경찰장구 및 무기의 사용

- 경찰관은 수갑, 포승, 경찰봉, 방패의 장구를 사용할 수 있으며, 직무수행에 필요하다고 인정되는 범위 내에서 무기사용이 가능하다. 휴대가 적법하고 사용방법이 타당한 경우 위법성이 조각된다.
- 무기사용의 경우 예외적 위해 인정
  ① 형법상 정당방위 또는 긴급피난
  ② 사형·무기 또는 장기 3년 이상의 징역이나 금고에 해당하는 범인을 체포하는 경우 그 항거나 도주 방지를 위해 필요한 때
  ③ 구속영장과 압수·수색영장 집행 시 항거·도주 방지를 위해 필요한 때
  ④ 무기·흉기 등 위험한 물건을 소지한 범인, 소요행위자가 경찰관으로부터 3회이상 투기명령을 받고도 불응하면서 계속 항거할 때
  ⑤ 대간첩작전수행 중 무장간첩이 경찰관의 투항명령을 받고도 이에 불응할 때
- 분사기의 사용
  - 총포·도검·화약류등단속법의 규정에 의한 분사기와 최루등의 작용제
  - 범인의 체포·도주의 방지 또는 불법시위·집회로 인하여 자기 또는 타인의 생명·신체와 재산 및 공공시설 안전에

대한 현저한 위해의 발생을 억제하기 위해 부득이한 경우 현장책임자의 판단으로 최소한의 범위 안에서 사용

4) 경비업법

경비업법 개관

본법 총칙에서는 제1조에 목적을 명시하고 제2조에서 경비업무의 범위 및 정의 그리고 경비업과 경비지도사, 경비원, 무기에 관한 정의를 규정하였으며, 제3조에서는 업무의 주체를 법인으로 제한하였다.

제4조에서는 경비업의 허가권자를 관할 지방경찰청장으로 하고 허가 요건(경비인력, 자본금, 시설, 장비)과 신고사항을, 제6조에서는 허가의 유효기간과 갱신, 제7조에서는 경비업자의 의무(경비업무의 권한범위, 불공정 계약의 금지, 경비원의 허가 외 업무 종사 금지, 특수경비업자에 있어서 경비대행업자 관련 의무 등)를 규정하였다.

제8조에서는 기계경비업자의 대응체제 구축에 관하여, 제9조에서는 기계경비업자의 오경보 방지 의무와 관련서류 작성·비치 의무에 관하여 규정하였다.

제10조에서는 경비지도사 및 경비원의 결격사유를, 제11조와 제12조 및 제13조에서는 경비지도사의 자격 취득과 시험, 경비지도사의 선임 및 직무, 경비원의 교육과 감독에 관하여 규정하였다. 또한 제14조와 제15조에서는 특수경비원의 직무와 무기사용 및 감독 그리고 특수경비원의 의무에 관하여 규정하였고, 제16조에서는 경비원의 복장·장비 및 출동차량에 대해, 제17조에

서는 결격사유자 등의 통보, 제18조에서는 경비원의 명부와 배치 및 신고 의무를 규정하였다.

제19조와 제20조에서는 경비업 허가의 취소와 영업정지 요건, 경비지도사자격의 취소와 정지에 관하여, 제21조에서는 경비업 허가의 취소 또는 영업정지 시 그리고 경비지도사의 자격 취소 또는 정지 시 처분 전 청문에 관하여 규정하였다.

제6장 경비협회(§22~23)에서는 경비협회의 설립과 업무 및 법적 성격과 공제사업에 관하여, 제7장 보칙(§24~27)에서는 경찰청장 또는 지방경찰청장의 지도·감독과 보안지도·점검, 경비업자의 손해배상 의무, 경찰청장의 권한 위임에 관하여 규정하였고, 제8장 벌칙(§28~31)에서는 특수경비원의 업무 위반 및 의무 불이행에 대한 벌칙과 형의 가중처벌 요건, 제28조 벌칙에 따른 양벌규정, 경비업자 또는 시설주의 과태료 부과 요건과 부과·징수권자 및 불복에 따른 이의 제기에 관하여 규정하였다.

경비업무

경비업법상 경비업을 시설경비업무, 호송경비업무, 신변보호업무, 기계경비업무, 특수경비업무로 분류하고 있으며(경비업법 §2), 법인이 아니면 이를 영위할 수 없도록 하고 있다(동법 §3).

경비업의 허가

경비업을 영위하고자 하는 법인은 도급받아 행하고자 하는 경비업무를 특정하여 그 법인의 주사무소의 소재지를 관할하는 지방경찰청장의 허가를 받아야 하며(동법 §4), 법인 임원의 결격사유를 규정하였다.

경비업자의 의무

- 경비업자는 경비대상시설의 소유자 또는 관리자(시설주)의 관리권의 범위안에서 경비업무를 수행하여야 하며(동법 §7), 기계경비업무를 수행하는 경비업자(기계경비업자)는 경비대상시설에 관한 경보를 수신한 때에는 신속하게 그 사실을 확인하는 등 필요한 대응조치를 취하여야 하며, 이를 위한 대응체제를 갖추어야 한다(동법 §8).
- 경비업자는 대통령령이 정하는 바에 따라 경비지도사를 선임하여야 하며(동법 §12), 경비업무를 적정하게 실시하기 위하여 경비원으로 하여금 대통령령이 정하는 바에 따라 경비원 교육을 받게 하여야 하고, 특수경비업자는 대통령령이 정하는 바에 따라 정기적으로 특수경비원 교육을 받게 하고 특수경비원 교육을 받지 아니한 자를 특수경비업무에 종사하게 하여서는 아니 된다(동법 §13).
- 특수경비업자는 특수경비원으로 하여금 배치된 경비구역 안에서 관할 경찰서장 및 공항경찰대장 등 국가중요시설의 경비책임자(관할 경찰관서장)와 국가중요시설의 시설주의 감독을 받아 시설을 경비하고 도난·화재 그 밖의 위험의 발생을 방지하는 업무를 수행하게 하여야 하며, 지방경찰청장은 국가중요시설에 대한 경비업무의 수행을 위하여 필요하다고 인정하는 때에는 관할경찰관서장으로 하여금 시설주의 신청에 의하여 시설주로부터 국가에 기부채납된 무기를 대여하게 하고, 시설주는 이를 특수경비원으로 하여금 휴대하게 할 수 있다(동법 §14).

행정처분 및 벌칙

허가관청은 동법 제19조 및 20조에 따라 허가취소 등의 행정처분을 할 수 있고, 동법 제28조 내지 제30조의 행정형벌과 제31조의 과태료 처분에 관하여 규정하고 있다.

5) 청원경찰법

청원경찰의 직무 및 배치

- 청원경찰법상 청원경찰의 직무는 경비구역 안에 한하여 경찰관직무집행법상 경찰관의 직무를 행하며(청원경찰법 §3), 청원경찰은 청원주가 임용하되, 그 임용에 있어서는 미리 지방경찰청장의 승인을 얻어야 한다(동법 §5).
- 청원주가 관할경찰서장을 거쳐 지방경찰청장에게 신청하거나 지방경찰청장이 배치가 필요하다고 인정되는 시설장에게 청원경찰의 배치 요청하는 경우 지방경찰청장의 승인으로 배치되며, 배치장소는 ① 국가기관 또는 공공단체와 그 관리하에 있는 중요시설 또는 사업장, ②국내주재 외국기관 ③ 기타 행정안전부령으로 정하는 중요시설 또는 사업장 및 장소(선박·항공기 등 수송시설, 금융 또는 보험을 업으로 하는 시설 또는 사업장, 언론·통신·방송 또는 인쇄를 업으로 하는 시설 또는 사업장, 학교 등 육영시설, 의료법에 의한 의료기관)로 한다.
- 청원경찰이 직무를 수행함에 있어서 직권을 남용하여 국민에게 해를 끼친 경우에는 6월이하의 징역이나 금고에 처하

며, 청원경찰업무에 종사하는 자는 형법 기타 법령에 의한 벌칙 적용에 있어서는 공무원으로 본다(동법 §10).

- 청원경찰의 직무상 불법행위에 대한 손해배상에 관하여는 민법의 규정에 의하며(동법 §10의2), 국가기관 또는 지방자치단체에 근무하고 있는 청원경찰의 불법행위에 대해서는 외관주의에 따라, 그리고 청원주가 국가 또는 지방자치단체가 되므로 고의 중과실의 경우 대위책임에 의해 국가배상법에 따르게 된다. 다만 이 경우 당해 청원경찰에 대한 구상책임을 물을 수 있다
- 청원경찰경비는 청원주가 부담하며(동법 §6), 청원주는 청원경찰이 직무상 부상 또는 사망 시 유족에게 보상금을 그리고 청원경찰 퇴직 시 퇴직금을 지급하여야 한다(동법 §6~7).
- 청원경찰은 근무 중 제복을 착용하여야 하며, 지방경찰청장의 승인에 의해 직무수행을 위하여 필요하다고 인정될 경우 청원주의 신청에 따라 관할경찰서장으로 하여금 무기를 대여 받아 휴대할 수 있다(동법 §8).
- 청원주는 배치시설이 폐쇄 또는 축소되는 경우 청원경찰 폐지와 인원 감축을 할 수 있으나, 특수경비를 배치할 목적으로는 아니 되며, 폐지 또는 감축한 경우 배치결정을 한 경찰관서장에게 통보하고, 지방경찰청장의 요청에 따른 배치의 경우에는 그 사유를 구체적으로 명시하여야 한다(동법 §10의5).

청원경찰 감독

청원주는 항시 소속 청원경찰의 근무수행상황을 감독하여야 하고, 청원경찰의 효율적인 운영을 위하여 지방경찰청장은 청원주를 지도하며 감독상 필요한 명령을 발할 수 있다(동법 §9의3).

청원경찰의 신분

청원경찰은 형의 선고·징계처분 또는 신체·정신상의 이상으로 직무를 감당하지 못할 때를 제외하고는 그 의사에 반하여 면직되지 않으며(동법 §10의4), 임용결격사유에 해당하거나 청원경찰 배치가 폐지된 경우 또는 59세에 달한 경우에는 당연 퇴직된다(동법 §10의6).

경비업법과 청원경찰법의 비교

구분	경비업법	청원경찰법
업무범위	• 시설경비업무 및 특수경비업무 : 경비대상시설에서의 도난, 화재 및 그 밖의 혼잡 등으로 인한 위험발생 방지 • 기타 :호송경비업무, 신변보호, 기계경비업무	배치구역 내 경비 목적을 위한 필요한 범위 안에서 경찰관직무집행법상 직무수행(수사 제외)
업무구역	• 시설경비 : 사업장의 경비 도급 후 경비담당 • 특수경비 : 공항(항공기 포함) 등 대통령령이 정하는 국가중요시설(공항·항만·원자력 발전소 등의 시설 중 국가정보원장이 지정하는 국가보안목표시설과 통합방위법상 국방부장관이 지정하는 국가중요시설)	• 국가기관 또는 공공단체와 그 관리하의 시설 및 사업장 • 국내주재 외국기관 • 기타 행정안전부령으로 정하는 중요시설사업장 또는 장소

업무수행주체	* 경비원 : 허가받은 경비업체에 고용 * 신분 : 민간인	* 청원경찰 : 지방경찰청장의 승인을 받아 시설주가 임용 * 신분 : 민간인(형법 기타 법령의 벌칙 적용 시 공무원) * 의사에 반하여 면직되지 않고 당연퇴직 사유 규정
직무권한	* 시설주의 관리권 범위 내 * 형법상 위법성조각사유에 따른 면책 행위	경찰관직무집행법상 직무권한(범죄예방, 경비, 위해방지, 불심검문 등)
의무	특수경비원의 경우 직무상 명령에 복종, 경비구역 이탈금지, 쟁의행위 금지 및 무기 안전수칙 이행 의무 등	국가공무원법 및 경찰공무원법 준용(명령 복종, 직장이탈금지, 비밀엄수, 집단행위 금지, 허위보고 금지 등)
감독	* 경비원 : 지방경찰청장 또는 관할 경찰서장의 소속 경찰공무원 현장 감독 지시 * 경비업자 및 경비지도사 : 경찰청장 또는 지방경찰청장 * 특수경비업자에 대한 지방경찰청장의 보안지도 및 점검	* 청원주 : 지방경찰청장이 지도 및 감독 * 청원경찰 : 청원주 또는 관할경찰서장(매월 1회 경비현장에서 감독)
교육	* 경비지도사 : 합격후 44시간의 기본교육 * 일반경비원 : 28시간의 신임교육과 매월 4시간 이상의 직무교육 * 특수경비원 : 88시간의 신임교육과 매월 6시간 이상의 직무교육	경찰교육기관에서 2주 76시간의 기본교육과 매월 4시간 이상의 직무교육
무기휴대	* 일반경비원 : 휴대 불가(분사기 휴대 가능) * 특수경비원 : 필요시 무기휴대 가능	필요시 무기 휴대 가능
보수	경비업체 자유	경찰청장이 고시한 최저부담 기준액 이상
손해배상	민법 규정 준용(경비업자의 사용자 배상책임)	민법규정을 준용하나 시설주가 국가 또는 지방자치단체인 경우 국가배상법 준용
벌칙	행정형벌을 부과(특수경비원의 경우 무기 휴대하여 형법상의 특정범죄를 범한 때에는 가중 처벌)	집단행위 금지 위반 시 행정형벌 부과

4. 경호 관련 사례

김구 암살 사건

- 일 시 : 1949. 6. 26(일)
- 장 소 : 김구 거처지 경교장(京橋莊)
- 내 용
  - 1949년 6월 26일 일요일 오전, 육군 소위 안두희가 김구를 그의 거처인 경교장(京橋莊)으로 찾아가 45구경 권총으로 사살한 사건.
  - 당시 이승만 정부는 김구 암살사건은 안두희의 단독 범행에 의한 것이라고 발표.
  - 안두희는 한국독립당의 비밀당원으로서 당수인 김구를 찾아가 어떤 정치문제에 관하여 언쟁을 벌이다가 우발적으로 저지른 사건이라 하였으나 그 동기는 아직 불명.
- 교 훈

안두희가 경교장으로 들어가 범행을 실행하려고 했을 때 비서들은 오히려 환대하여 맞이해 주었고, 이는 안두희가 한독당원으로서 김구와 친밀한 관계를 유지한 핵심인물이었기 때문이다. 비록 김구와 친밀한 관계라 하나 49년 당시 시대적 상황과 그 이전에도 암살 의도가 있었던 만큼 출입 통제와 소지품 검사에 신중을 기했어야 했다.

이러한 안이한 대처로 인해 안두희는 권총을 소지한 채 아무런 제재도 받지 않고 김구와 접견을 할 수 있었고, 의도한 대로 범행을 실행하여 성공하게 된 것은 출입통제에 예외가 있어서는 아니 된다는 것을 분명히 보여준다.

박정희 대통령 암살미수 사건

- 일 시 : 1974. 8. 15(목) 10:23
- 장 소 : 장충동 소재 국립극장
- 내 용

박정희 대통령내외가 제 29주년 광복절기념식 행사에 참석하여 대통령의 기념사를 낭독하던 중에 일본 오사카 거주 한국청년동맹원(거류민단 단체)으로 위장 가입한 문세광이 독립유공자 및 유가족 석 뒤에 앉아 있다가 단상으로 이동하면서 38권총으로 실탄 5발을 발사하여 박정희대통령을 저격하였으나 실패하였고, 제 4탄이 육영수여사에게 명중되어 사망한 사건.

- 교 훈

출입통제에 있어 문세광을 행사장 내부로 통과시킨 점에서 먼저 문제점이 발견되었으며 우발상황 발생 시 경호원들의 방호 대형 형성과 대피에 대한 조치가 없었다는 점이 육영수 여사의 사망으로 이어졌다.

경호원들은 문세광의 총기 사용에 대한 제압에 집중되었고, 경호실장은 심지어 객석을 향해 총을 발사하기도 하였다.

우발상황에 있어서 기본적이면서도 가장 중요한 점은 방호와 대피이며, 만약 문세광 외에 범인이 또 있었다면, 대통령의 안위도 장담할 수 없었을 것이다.

미얀마(당시 버마) 아웅산 묘소 폭파사건

- 일 시 : 1983. 10. 9(일) 10:27
- 장 소 : 미얀마 랑군시 아웅산 국립묘지
- 내 용

전두환 대통령 내외가 서남아 3개국(버마, 인도, 스리랑카) 및 대양주 2개국(호주, 뉴질랜드) 및 부르나이 공식순방 일정의 첫 방문지인 미얀마에 도착, 하루를 묵은 후 10:30분으로 예정되어 있던 '아웅산' 국립묘지 헌화계획에 따라 숙소인 영빈관에서 출발하여 행사장으로 가던 중, 북한의 특수공작원 3명이 묘지 천장에 설치한 폭탄 2개와 소이탄 1개를 원격조정에 의해 폭발시켜 사전 대기 중이던 공식수행원을 포함 사망 24명(한국 17, 버마 7), 부상 50명(한국 14, 버마 36) 등 총 74명이 피해를 입은 사건.

폭파 시간은 10시 27분이었으며, 전두환 대통령 일행은 영빈관을 출발하였으나 사고 장소 1.5 km에 이르렀을 때 폭파하여 위기 모면.

범인은 주 미얀마대사의 모타케이드가 지나가는 것을 대통령 일행의 행차로 오인하여, 조정 스위치를 작동시켜 아웅산 묘소를 폭파.

- 교 훈

요인 위해의 위험이 더욱 높은 국외일수록 공식적인 행사 일정의 사전 유출 방지에 힘써야 하며, 특히 북한이 '아웅산' 묘소를 위해 장소로 선택한 이유도 미얀마 방문 인사들이 관례적으로 참배한다는 사실 때문이다. 당시 미얀마는 북한과 적극적인 외교관계를 유지하고 있었고, 사건 전 8월 7일에는 북한 인사 또한 '아웅산' 묘소에 참배했던 만큼 위해에 대한 예상과 그에 따른 계획 수립 및 사전 안전검측의 선발경호가 이루어졌어야 하나, 전반적인 경호를 미얀마측에 일임한 것과 적극적이고 구체적인 경호 요청에 대한 아쉬움이 있다.

정원식 전 국무총리 위해사건

- 일 시 : 1991. 6. 3(월) 18:30
- 장 소 : 외국어대학교(이문동) 교육대학원 418호실 앞
- 내 용

정원식 총리서리가 서울 외국어대 교육대학원에서 특강을 끝내고 나오다 학부 학생들에 의해 계란 및 밀가루 세례와 함께 주먹질과 발길질을 당하는 등 집단폭행을 당한 사건.

- 교 훈

경호환경에 대한 이해에 있어 경호원들은 경호대상자인 정원식 국무총리 서리가 전교조 문제로 인해 교육 관련 강연이나 행사에 대한 위해의 가능성을 심각히 받아들였어야 하며, 당시 한국외대 교육대학원에 출강함에 있어서 총리서리 임명 전 강의를 보강한다는 취지라 하더라도 지위가 바뀌고 학생들의 인식이 바뀐 만큼 학생들 자체가 위해요소라는 점을 간과하였다. 그리고 우발상황이 발생하였음에도 불구하고 사전에 대피로 선정에 문제점이 있었다는 점도 지적하지 않을 수 없다.

김영삼 전 대통령 계란투척 사건

- 일 시 : 1999. 6. 3(목) 10:50
- 장 소 : 김포공항 2청사 귀빈주차장
- 내 용

김영삼 전대통령이 일본방문을 위해 김포공항에 도착하여 환송 나온 인원 100여명과 악수를 하며 들어가는 도중, 환송인파에 속해 있던 박 모씨 (당시 72세)가 유성페인트가 들어있는 계란을 투척한 사건.

김영삼 대통령 준 아래 계란이 깨지면서 붉은 색 페인트가 얼굴과 양복으로 흘러내려 군중에 노출되었으며, 경호원들이 손수건으로 얼굴을 가려 급히 대피.

- 교 훈

사전에 환송객들에 대한 신원파악과 안전 검증을 하지 않았으며, 근접경호가 소홀하였다.

범인은 고함과 동시에 계란을 투척하였으며, 고함소리에 맞춰 경호원들의 방호벽 형성에 있어 신체 감응이 불가능하였는지 의문이다.

설사 방호벽을 완성하지 못하였다 하더라도 경호대상자가 마치 피를 흘리는 듯한 모습으로 군중에 노출되었다는 점은 경호대상자의 보호 이익이 생명과 신체뿐만 아니라 개인의 명예라는 것도 깊이 인식하여야 함을 보여준다.

박근혜 선거 유세장 위해사건

- 일 시 : 2005. 5. 20. 17:30
- 장 소 : 신촌 현대백화점 앞 오세훈 서울시장 후보 선거연설 현장
- 내 용

한나라당 오세훈 서울시장 후보 유세전에 지원 연설을 위해 박근혜 전 한나라당 대표는 17시 50분경 유세장에서 150m 떨어진 횡단보도에 도착, 횡단보도를 건너자 박 대표의 도착을 알림과 동시에 청중들과 악수를 나누며 유세차량 오른편에서 차량으로 올라가는 도중 지모씨에 의해 얼굴에 커트칼로 자상을 입은 사건.

- 교 훈

사건 발생 전에도 우발상황의 징표가 있었음에도 경호원들은 인지하지 못했으며, 사전 질서유지를 통한 군중의 통제와 경호대상자에 대한 접근에 있어서 방호대형 형성에 문제가 있었다.

아무리 정치적 성격이 짙은 행사이고, 군중과의 친밀도를 강조하기 위한 경호상의 어려움이 있다 하더라도 적어도 군중 자체가 위해요소가 되므로 2m 이상의 거리는 이격을 시켰어야 하며, 설사 이격을 시키지 못할 상황이라 하더라도 선발 경호 운용을 통하여 유세차량에 도착하기까지 경호원들에 의한 통제와 차량으로 올라가는 계단을 군중들이 볼 수 있는 장소가 아닌 차량 뒤편 군중들의 시야에 보이지 않은 곳으로 설치하였어야 했다.

전형적인 경호위해사례의 하나로서 근접도보대형과 선발경호

의 미비, 그리고 우발상황 특성에 대한 기본 행동요령에 대한 무시 등 무계획적인 경호수행의 한 단면을 보여준다고 할 수 있다.

케네디 대통령 암살 사건

- 일 시 : 1963. 11. 22. 12:30
- 장 소 : 텍사스주 달라스시 딜리 프라자 광장 노상
- 내 용

1963년 11월 22일 케네디 대통령은 달라스시 상공회의소가 주최하는 회의에 참석하기 위하여 '코넬리' 텍사스주지사와 함께 오픈카에 탑승하고 군중들의 열렬한 환영을 받으면서 시가지를 통과하고 있었다.

대통령 승용차를 선두로 한 차량대형이 딜리 프라자 광장의 3차로를 회전하려고 할 때 케네디 대통령은 후면에 위치한 텍사스 교과서창고 6층 남동쪽 창문으로부터 괴한이 발사한 카빈 소총탄에 후두부를 맞고 병원으로 후송되었으나 사망하고 동승하였던 코넬리 주지사도 총상을 입었다. 당시 대통령 경호대에서는 경호원들이나 승용차운전수까지도 달라스 시내의 노변정찰을 실시하지 못하여 지리를 모르고 있었으며 연도경비를 전적으로 현지경찰에 위임하였었다.

- 교 훈

전형적인 저격 사건으로 선발경호에 있어 직시고지와 같은 저격의 위험이 있는 물리적 취약 요소 파악과 위험분석이 전혀 되지 않은 점과 대통령 경호 조직 자체의 업무 수행을 다른 기관에 위임하면서도 구체적인 감독조차 하지 않은 점이 경호상의 문제점이라 볼 수 있다.

레이건 대통령 암살미수 사건

- 일 시 : 1981. 3. 30. 14:30
- 장 소 : 워싱턴 힐튼호텔 앞
- 내 용

힐튼호텔에서 연설을 마치고 백악관으로 이동하기 위하여 차량에 탑승하기 직전 대통령으로부터 5~6m 떨어져 있던 범인 힝클리가 로프 차단선 뒤에서 2초 동안 권총에 장전되어 있던 실탄 6발을 모두 발사하여 대통령의 외쪽 폐와 공보비서 및 경호원(2명)을 맞춘 사건.

- 교 훈

사전 대통령 일정에 대한 보안유출로 인하여 범행의 기회를 제공하였으며, 출입통제와 승하차 지점에 대한 경호경비에 대한 소홀을 지적할 수 있다. 이는 범행 장소가 백악관으로부터 1.5km 지점에 위치해 있었기 때문에 평시 안전구역내의 정례 행사장이라는 심리적 해이와 안일한 근무로 인해 사건이 발생하였다.

경호대상자인 레이건 대통령이 가슴에 총상을 입었기 때문에 경호 실패라 볼 수 있지만 경호원 티모니 매카디는 총성을 듣자마자 사선방향을 향해 몸을 던져 총상을 입었다는 것은 우발상황에 따른 방벽 형성을 즉각적으로 하였음을 보여주며, 경호실장 제리 파는 대통령을 승용차에 급히 밀어 넣어 엎드리게 하고 총상을 추정하여 최기병원으로 급히 이송한 것이 사망의 결과를 막았다고 볼 수 있다.

5. 북한의 경호조직

- 관장 기관 : 호위사령부(국방위원장 직속)
- 조직 규모 : 호위사령부 아래 4개 총국, 7개 호위부, 223처, 55처, 수도경비사령부 등(수도경비사령부 예하 10개 여단, 1개 전차 여단, 1개 포병 여단, 3개 공병여단, 군관학교, 병원 등) 총 요원 8만 2천명
- 조직별 기능
  - 1총국 : 호위업무의 총괄 지도 및 계획
  - 2총국 : 호위 물자 조달 및 전용 별장 관리
  - 3총국 : 호위사령부 예하 기관 물자 조달
  - 4총국 : 전용 별장 공사
  - 호위부 : 신변 호위의 핵심 부서
  - 223처 : 금수산의사당 관리
  - 55처 : 전시 지휘소 관리
- 경호 원칙 : 4선 경호의 원칙
  - 1선 : 근접 수행(호위부, 신변안전 비서실 요원 5-6명, 수행경호원 1명 밀착경호)
  - 2선 : 100m 권역(호위부 및 안전보위부 200-300명)
  - 3선 : 1km 권역(호위사령부 직속 대대, 안전보위부 요원)
  - 4선 : 3km 권역(안전보위부, 인민무장성 병력)
- 주요 임무
  - 김정일과 그 가족 및 당 정치국원 등 부총리급 이상 고위

인사신변경호

- 외국 국빈 방문 시 경호담당
- 김정일 별장 등 시설 경비
- 전시지휘소 관리
- 김정일 일가 물자 조달, 신변 보호 및 경비
- 감찰 및 조사

◦ 특징

- 북한 정권 유지 및 김정일 사병집단화
- 차량 이동 시 도로 전면 차단 및 도로변 건물 창문 폐쇄, 동일 차종 10여대 동시 위장 이동
- 사전 예방 경호에 중점(1개월 전에 현지 선발 파견 및 이상 발견 시 즉각 계획 취소)
- 특별전용 열차이용에 따른 경호(열차구간마다 검문 · 검색, 하루 전 경계 근무, 시험 운행)
- 국방위원장 입장 시 지휘고하를 막론하고 일체 출입 금지

책을 마치며

경호사 연구의 가치와 향후 연구 과제

맺음말은 보통 짧게 끝내야 하지만 경호사 교재의 집필에 있어서 미비한 점이 많아 펜을 떼기가 너무나 아쉽게 여겨진다. 이러한 고충 때문에 여기에서는 말 그대로의 맺음말 대신 장황하더라도 앞으로의 경호사 연구에 대한 개인적 소견을 밝힘으로써 더욱 학문적 정진을 다할 것이라는 다짐을 아래의 글로 표현하고자 한다. 비록 개인적 소견을 밝힌 것이라 하나 이러한 고충을 겪고 있는 연구자들과 공유한다는 점에 그 의의를 두고 싶으며, 그에 대한 비판적 수용을 통하여 상호 발전할 수 있기를 바란다.

- 1 -

경호사 연구에 있어서 기초적인 사료 분석을 통한 방법을 그 주로 하여야 하나, 국왕 친위 활동이라는 제한적 범위 내에서 그러한 구체적인 사료를 조사하기에는 한계가 있다. 따라서 먼저 역사 연구의 방법론에 대한 고찰이 먼저 필요하다고 본다.

역사적 연구의 형태는 경향성 확인방법, 시기 기술법, 전기적 방법, 발달적 방법, 비교적 형태방법 등으로 설정한 문제에 따라 연구 형태를 분류한다.

경향성 확인 방법이란 어떤 경향성을 확인하는 형태이다. 과거나 현재의 한 시점을 기준으로 그 후에 일어나는 역사적 경향을 확인하려는 연구이다.

시기 기술법이란 일정한 사건이나 사실이 있었던 과거의 특정 시기를 기술하는 형태이다. 해당 기간에 일어난 특정 사건이 어떻게 변화되었는가를 확인한다.

전기적 방법이란 어떤 중요한 인물의 생활과 사업, 사상에 대해 연구하는 형태이다. 존 듀이의 생애와 사상, 손기정 선생의 생애와 국가관, 조동식 선생의 교육사업 등을 주제로 한 연구는 여기에 해당된다.

발달적 방법은 과거부터 현재까지의 성장 변화를 연구하는 형태이다. 대학입시 학력고사제도의 발달과정을 연구한다면 이 형태에 속한다.

비교적 형태 방법은 외국과 우리나라, 집단과 집단, 시대와 시대, 개인과 개인 간을 비교하는 방법으로 비교사적(比較史的) 연구를 의미한다.

이러한 역사연구 방법은 접근방법에 따라 비판적 연구방법과 논리적 서술방법으로, 사료의 특성에 따라 질적 연구와 양적 연구로 구분되며, 비판적 연구방법은 사료를 고증하여 사료의 순수성 및 진실을 밝히는 것이고, 논리적 서술방법은 역사적 시간성을 중시하는 연구방법이다. 일반적으로 역사연구 방법은 다섯 가지 절차를 거치는데, 먼저 연구문제를 설정하여하여야 하며, 모든 연구가 그렇듯이 역사연구에서도 연구문제를 명확히 하여야 한다. 실험연구 정도로 연구문제를 세분화하거나 구체화할 수는 없다고 하더라도 연구를 통하여 무엇을 알고자 하는지는 분명해야 한다. 그다음 역사적 사료를 수집한다. 역사연구는 역사사료에 의존하므로 부분적인 사료를 수집하여 분석적 해석을 하기보다는 필요한 범위 내에서 광범위한 사료를 수집하여야만 연구결과의 타당성을 보장받을 수 있다.

그리고 사료를 검증하고 종합한 다음 사료를 분석·해석하고 결론을 유도한다.

수집된 사료가 타당성이 있는지를 검증해야 하는데 사료의 진품 여부를 가리는 외적 타당성과 사료의 내용이 진실인지 밝히는 내적 타당성 검증이 있다. 역사사료의 경우 발행연도와 날짜가 정확해도 대필자가 쓴 사료가 있는데, 이런 사료를 사용하면 연구의 타당성이 결여된다.

수집된 사료의 타당성을 검증하면서 사료를 종합하고, 사료를 종합하는 과정에서 타당성 없는 사료를 다시 한번 검증할 수 있게 되는데, 연구문제에서 명확히 규명되지 않은 부분을 명확히 할 수 있을 뿐 아니라 부수적인 연구문제를 발견할 수도 있다.

일반적으로 사료를 종합할 때 1차 사료를 더 중요시하며 내용에 따라 수집하기도 하고 시간에 따라 수집할 수도 있다. 사료를 종합하는 방법은 연구 자료의 범위에 따라 다를 수 있으나 시간적 순서에 의하는 것이 편리하다.

이와 관련하여 연구자는 연구문제와 관련된 방대하고 복잡한 자료 중 잘 정의된 가설이나 문제를 선별할 수 있도록 주의를 기울여야 한다. 이는 의미 없는 사료수집에 시간과 노력을 낭비하지 않기 위함이다.

또한 참고자료 또는 문헌의 수집 사료수집과 평가에 있어서 사료는 1차적 사료와 2차적 사료로 분류된다. 1차적 사료는 과거 사건의 증인 진술과 더불어 연구자가 직접 조사할 수 있는 접촉시간, 소리녹음, 사진, 필름 또는 사용된 도구 등을 포함한다. 2차적 사료는 신문기사나 증인에 대한 기록 또는 참석했던 사람과의 인터뷰나 보고서, 논문 등 최초의 기록으로부터 한 단계 또는 그 이상을 거친 사료를 의미한다. 2차적 사료는 준비과정에서 왜곡되거나 잘못이 있을 수 있으므로 될 수 있으면 1차적 사료를 사용하는 것을 기본으로 하며, 1차적 사료가 있는데 2차적 사료를 사용하는 우를 범해서는 안 된다.

역사적 연구의 사료는 항상 문서나 유적으로 대표된다. 문서는 일반적인 기록을 의미하는데 공문서, 일기, 편지 등 개인기록과 전설 등 구두로 전달되는 기록, 사진, 그림, 비디오 테잎과 신문 등의 인쇄물을 포함한다.

유적이나 유물은 역사적으로 의미 있는 기록이므로 과거의 사실에 대해 문서 등의 기록보다는 더 많은 정보를 제공한다.

그러나 역사적 연구를 하는 사람들은 자신이 목격하지 못했거나 재현될 수 없는 사건을 연구해야 하므로 분석에 앞서 불완전할 수도 고의적으로 왜곡되거나 손상 되었을 수도 있는 확보한 증거사료의 신뢰도와 타당도를 조사하는 것이 매우 중요하다. 조사자는 완전하고 믿을 만한 정보를 얻기 위해 언제 어디서 누구에 의해 문서나 유물이 만들어 졌는가라는 물음을 통해 문서나 유물의 진위와 의미를 정확하게 조사해야 한다.

역사적 연구에서는 적절하고도 적합한 참고사료를 수집하는 일이 매우 중요하다. 원사료와 함께 2차적 사료를 확보해야 하며, 공식기록, 개인적 기록, 구전사료, 그림 사료, 발행된 사료, 시설, 인쇄물, 직접 쓴 사료 등의 기록과 유물들은 다른 연구에서도 중요하게 이용될 수 있기 때문이다.

사료를 검토하여 신뢰성과 유용성을 확보한 후 연구자는 자신이 수집한 많은 사실을 바탕으로 연구문제를 해결할 수 있도록 사료를 정리한다. 이 단계에서 연구자는 자신이 수집한 정보를 완전히 파악하고 있어야 한다.

역사적 연구에서 연구자는 결정적인 증거를 제시할 사료의 부족함과 더불어 결과의 대안적 해석의 가능성을 인정해야 하며, 연구결과에 대한 주관적인 해석이 허용된다 해도 결과의 일반화와 객관성을 추구해야 한다.

역사 연구의 마지막 단계로 연구자의 아이디어가 체계적으로 정리되어 이야기를 구성하여야 한다. 역사적 연구의 보고서 작성은 불충분한 증거사료와 정확성 확보의 어려움 때문에 쉽지 않을 수 있다. 연구자는 질문이나 증거사료의 사례유형에 대해 정확하면서도 명료한 사고로 이야기를 구성하면 훌륭한 연구결과를 기대할 수 있다.

이러한 역사연구의 방법론적 고찰을 기반으로 하여 경호사 연구를 진행하여야 하지만, 앞서 역사 연구의 핵심은 신뢰도와 타당도를 확보하는 것이다. 삼국 시대의 일부 사료와 고려 시대 및 조선시대의 군사 편제와 규모 및 조직적 분화에 있어서는 구체적인 실증이 가능하나, 군사제도와 분리되지 못한 경호 작용에 대한 구체적인 작용적 측면의 해석은 그렇게 쉽게 도출되지 못하는 아쉬움이 있다.

그에 따라 역사 연구 방법에 있어서 문헌 고찰과 더불어 각종 매체를 통한 역사학자들의 해석과 유적 탐사를 통한 결과물을 기반으로 당시 군사 활동의 일환으로서 경호 작용이 어떻게 이루어졌는지에 대한 추정을 할 수 밖에 없으며, 그러한 추정에 대한 근거자료에 대한 보충이 이루어져서, 정통적인 역사연구방법에 따른 연구뿐만 아니라 신뢰도와 타당도가 다소 떨어지더라도 경호의 역사적 가치에 중점을 둔 논리적 추론을 기반으로 한 경호사 전개를 어느 정도는 허용하여야 하지 않는가에 대한 개인적 소견을 밝히게 된다.

이것은 경호사라는 학문적 정립에 있어 최대의 걸림돌이며, 이러한 난관을 극복하기 위해서는 충분한 사료 수집이 최우선이 되어야 할 것이며, 현재 추정에 따른 역사적 해석이 후에 사료 보충을 통해서 진정한 사실로서 확인이 되도록 더욱 정진하여야 할 것이다.

- 2 -

우리나라가 비록 고조선·부여·고구려·발해 등 조상의 넓은 영토 대부분을 중국에게 빼앗기고 이제는 압록강과 두만강 이남의 좁은 한반도 안으로 국토가 줄었음에도 불구하고 민족적 자부심과 자존심은 5천년이란 오랜 역사를 이어오고 있다.

동서고금을 막론하고 국가 지상의 목표는 부국강병(富國强兵)[1]이다. 우리는 왕조시대의 임금이나 민주공화국의 대통령이나 바른 정치를 펼치지 않으면 백성이나 국민의 지지를 받기는커녕 원한과 분노의 대상이 되어 쫓기거나 죽임을 당한 수많은 경우를 역사를

1) 위정자가 바른 정치를 펼치는 데서 비롯된다는 뜻

통해 잘 알고 있다. 부국강병을 위해서는 우선 나라의 지도자들을 보호해 주어야하는 책임과 의무가 있다고 생각한다.

역사적으로 많은 사건·사고들과 왕위쟁탈을 위한 혈전 속에서 우리의 지도자들은 누군가로부터 보호받기를 원했다. 더군다나 근대의 경호 독립기관이 없던 시대에는 군에서 보호역할을 담당했을 것이다. 특히 문무(文武)를 역사적으로 보았을 때 경호와 분리할 수 없는 관계에 있다. 무(武)는 역사상의 경호를 대부분 맡았다고 해도 과언이 아니라고 생각되며, 아울러 문(文)은 고려시대에 서방(書房)에서 보듯이 알 수 있다. 그래서 우리나라 역사의 흐름 즉, 지도자들의 업적과 과오 및 그 시대의 사건·사고 등을 조명하고자 한다.

한국 경호사를 이해하기 위해서는 우리나라 역사를 요약해 볼 필요성이 있다고 사료되며, 본문에서 언급하지 못한 우리나라의 역사적 흐름을 여기에서 보충하도록 한다.

우선 기원전 시대 역사를 요약하면 약 70만년 전 구석기 문화에서 6000년경 신석기 문화로 왔다고 볼 수 있으며, 이 후 2333년 단군(檀君)이 고조선을 건국하고 1100년경 고조선은 8조금법(八條禁法) 시행하기에 이르렀다. 1000년경에는 고조선의 발전과 청동기시대를 거쳐서 450년경 부여 성립과 약50년 후인 400년경에는 철기시대에 이른다. 300년경에는 한자(漢字)가 전래가 되었고, 194년에는 요동의 위만(衛滿)이 망명하여, 고조선의 왕이 되어 위만조선이 된다. 108년에 고조선 멸망하였으며 이 때 한군현이 설치된다.[2] 삼국사기에서는 57년에 신라 건국, 37년에 고구려 건국, 18년에는 백제 건국이 되었으며, 17년에는 고구려 유리왕이 황조가[3]라는 시조를 지운다.

2) 한사군 설치의 역사적 허구성에 대한 견해가 있다.

다음으로 기원후로 접어드는데 삼국시대의 국가가 기원전에 건국되어 기원후로 넘어오므로 삼국시대부터는 사료를 통한 시대의 흐름과 주요 왕들의 업적을 요약해보았다.

3세기경에는 삼국의 건국과 팽창이 이루어지는 시기였다. 백제의 위치는 한강유역으로 시조는 온조이며, 도읍지는 위례성이었다. 고구려의 위치는 압록강 중류 동가강 유역으로 시조는 추모(주몽)이며, 도읍지는 국내성이었다. 신라의 위치는 경주 충적평야로 사로국의 6촌장에 의해 시조가 박혁거세가 되었으며, 도읍지는 신라의 모체인 사로국인 사로였다. 그런데 여기서 가야를 그냥 넘길 수 없다. 삼국시대에 있던 국가이긴 했으나 삼국에 포함시키지 않는 건 가야가 중앙집권국가로 발전하지 못하고 연맹왕국으로만 머물러있었기 때문이었다. 그래도 역사적으로 존재했으니 가야의 위치는 옛 변한 지역(낙동강지역)으로 시조는 김수로였다.

삼국의 중앙 집권화를 살펴보면 왕권강화와 영토 확장 및 불교수용을 비롯한 율령반포 등으로 중앙집권 국가로 확립하기에 이르며, 이시기가 고구려 1~2세기경 태조왕, 백제는 3세기중엽 고이왕, 신라는 4세기후반 내물왕 때부터 본격화되었다.

4세기경의 백제의 전성기를 살펴보면 고이왕(234~286)때 중앙집권국가의 체계를 마련하였으며, 근초고왕(346~375)때 369년에는 마한정복을 비롯한 371년에 고구려공격을 시작하여 요서와 산동과 일본에 세력권을 형성하였다. 이후 침류왕(384~385)때 384

---

3) 黃鳥歌(황조가) - 유리왕

翩翩黃鳥(편편황조) 훨훨 나는 꾀꼬리는
雌雄相依(자웅상의) 암수 다정히 즐기는데,
念我之獨(염아지독) 외로울사 이 내 몸은
誰基與歸(수기여귀) 뉘와 함께 돌아갈꼬

년에 불교를 수용하였고, 시기는 정확하지 않지만 개로왕 때 고구려에게 한강 유역을 빼앗기게 된다. 개로왕의 아들인 문주왕이 475년에 위례성에서 웅진으로 도읍 옮겼으며 신라와 동맹을 맺어 고구려에 대항하였다. 무령왕(501~523)때 전제왕권 성립의 기틀을 마련했으며 중국 남조와 교류를 시작하였고, 성왕(523~554)때 583년에 도읍을 웅진(공주)에서 사비(부여)로 옮겼으며 22부의 정치제도와 5부 5방의 행정구역을 정비하였다. 그리고 겸익에 의해 불교를 장려하기에 이르렀다. 이후 660년 황산벌 싸움에서 김유신이 승리하였으며 나·당 연합군에 의해 사비성이 함락되어 의자왕이 웅진으로 피난하였으나 웅진성 함락으로 의자왕이 항복하면서 백제 가 멸망하게 된다.

5세기경 고구려의 전성기를 살펴보면, 태조왕(53~146)때 중앙집권 국가의 기틀 마련하였으며, 옥저를 정벌하였다. 고국원왕(331~371)때 342년 전연의 모용황이 침입하였으며 371년에 백제 근초고왕의 침입으로 전사하였다. 소수림왕(371~384)때는 전진과 외교 및 불교를 수용하였으며, 372년에는 교육기관인 태학을 설립하였고, 이듬해인 373년에는 율령을 반포하여 국가의 조직을 정비하였다. 광개토대왕(391~413) 때는 한강 이북을 차지하였으며 만주까지 영토를 넓힘과 동시에 왜를 격퇴하였다. 장수왕(413~491)때는 광개토대왕비[4]를 세우고, 427년에는 도읍을 국내성에서 평양으로 옮겼으며, 한강유역을 점령함과 동시에 한강 이남으로 진출하였고, 백제 개로왕을 처형했다. 이때 내정개혁에도 힘을 기울여 부족제도를 지방행정제도로 고쳐 5부를 신설하는 등

4) 414년 광개토대왕의 아들 장수왕이 광개토대왕의 업적 등을 세긴 광개토대왕비를 세웠다. 이를 호태왕비라고도 한다. 이는 삼국의 정세와 일본과의 관계를 알려주는 사회사의 중요한 자료가 된 중요한 문화재이다.

고구려의 전성기를 이룩하였다. 이후 668년 연개소문이 세상을 떠남으로 연개소문의 세 아들의 싸움이 시작되어 국세가 기울었으며, 나·당 연합군이 평양성으로 진군하면서 평양성을 함락하여 보장왕이 항복하자 고구려가 멸망하였다.

6세기경 신라의 전성기를 살펴보면, 눌지왕(417~458)때인 433년에는 백제와 동맹을 맺어 고구려 견제를 시작하였다. 지증왕(500~514)때인 512년에 우산국을 정복하였으며, 나라이름을 신라로 고치고 마침내 왕이라는 명칭을 사용하기 시작하였다. 법흥왕(514~540)때인 520년에 율령을 반포하고 527년에는 불교를 공인했으며, 532년에는 금관가야를 정복하였다. 진흥왕(540~576)때 화랑도를 개편하고, 한강유역을 확보했으며 562년에는 대가야를 정복하고, 함흥평야까지 진출하게 된다. 이 때 단양적성비와 4개의 순수비가 창녕, 북한산, 황초령, 마운령에 있었는데 이는 모두 국토확장과 국위선양을 목적으로 세웠으며 당시 신라의 영토를 표시하고 있었다. 훗날 676년 신라는 삼국을 통일하게 된다.

통일신라시대와 발해를 살펴보면 한강유역을 확보한 신라는 당과 연합하여 660년에 백제를 먼저 멸망시키고, 다시668년에 고구려를 쳐서 무너뜨리고 676년 마침내 한반도를 통일하였다. 이로서 우리민족은 처음으로 통일국가를 이루게 되었다. 신라는 불교를 내세워 백성들의 정신을 하나로 모으고자했으며, 신라 문화의 전통위에 고구려와 백제의 문화전통을 하나로 합하여 찬란한 민족문화를 이루기 위해 힘썼다.

한편 발해는 고구려가 망한지 30여년이 지나서 만주 땅에 발해가 세워졌다. 발해는 고구려의 옛 땅을 대부분 차지했으며, 그 지배층은 고구려인으로 구성되어 있었다. 이리하여 남쪽은 신라가, 북쪽은 발해가 차지하게 되었으며. 통일신라와 발해를 합쳐 남북국시대라고 부르기도 한다. 발해는 고구려의 우수한 전통을 이어받고 당나라의 앞선 문화도 받아들여 웅장하고 화려한 문화를 이룩하였다.

후삼국 시대를 살펴보면 신라는 676년 삼국통일 후 100여 년간 정치적 안정과 경제적 번영을 바탕으로 전제왕권을 잘 유지하였다. 특히 불교가 널리 퍼지면서 불국사와 석굴암 등 빼어난 불교예술을 창조하였다. 그러다가 8세기말 이후 신라말기에 접어들면서 왕권을 둘러싸고 귀족들 간에 권력투쟁이 자주 일어났으며, 9세기 말에 들어서는 혼란이 극도에 다다랐다. 이러한 혼란을 틈타 민란이 전국적으로 일어났으며 지방의 세력가들은 힘을 모아 새로운 나라를 세우게 되었다. 그들 중에 대표적인 인물은 견훤과 궁예 이다. 견훤은 후백제를 세웠고, 궁예는 후고구려(뒤에 태봉)를 세웠다. 이들은 신라와 함께 후삼국이라 한다. 후삼국은 나중에 왕건이 고려를 세우고 세력을 넓히면서 결국 멸망하기에 이른다.

고려 시대를 살펴보면 918년에 왕건이 고려를 세움으로써 고려가 탄생하게 된다. 919년에는 도읍을 개성(송악)으로 옮겼으며, 927년에 팔공산 전투에서 후백제의 견훤한테 대패하게 된다. 930년에는 고창전투에서 다시 후백제와의 전투를 하게 되는데 이 때 후백제의 군사 8000명을 물리쳐 후백제를 압도하게 된다. 936년에는 일선군에서 후백제의 군사 10만명을 격파해 고려는 후삼국의 통일을 이루게 된다. 이후 956년에는 광종이 노비안건법을 실시, 958년에 중국에 귀화한 쌍기의 건의에 따라 과거제도를 실시, 993년에는 거란의 80만 대군이 고려 서북지방으로 쳐들어갔으나 서희가 소손녕을 담판으로 이겨 거란의 군사를 물러가게 한다.

994년에는 압록강 동쪽의 여진족을 몰아내고 강동6주를 획득해 영토를 확장했으며, 1010년에는 거란이 핑계를 삼아 고려로 또 쳐들어갔으나 곧 물러갔으며, 1018년에 거란의 소배압이 10만 대군을 이끌고 고려로 3차 침입을 하였으나 강감찬이 귀주에서 물리침으로써 그 후 거란과 화친을 맺게 된다. 1107년에는 윤관이 압록강 인근 여진족과 함경도 여진족을 무찌름으로써 9성을 쌓았으며, 1135년에는 묘청이 반란을 일으켜 '대위'라는 나라를 세웠으나 김부식에 의해 진압된다.

1231년에는 몽고의 사신이 고려에서 여진족들에게 죽임을 당하자 몽고는 고려의 짓이라고 생각하고 고려로 쳐들어감에 따라 김경손이 몽고의 군사들을 무찔렀으나 고려는 결국 몽고와 강화를 맺는다. 1232년에는 몽고가 고려로 두 번째로 쳐들어왔으나 김윤후가 살리타를 활로 사살하여 몽고 군사들이 도망갔으며, 1235년에는 몽고가 고려에 세 번째로 쳐들어왔으나 다시 몽고와 강화를 맺어 몽고는 물러가게 된다. 1247년에는 몽고가 고려로 네 번째로 쳐들어왔으나 고려가 항복하자 물러갔다. 1253년에는 몽고가 다섯 번째로 고려에 쳐들어왔다가 다시 물러갔으나 이때 고려 백성들 20만명이 포로로 잡혀가게 된다. 1255년에는 몽고가 여섯 번째로 쳐들어왔으나 고려가 몽고황제를 설득해 몽고 군사를 다시 물러가게 했다.

1257년에는 몽고군사가 고려로 일곱 번째로 쳐들어왔으나 고려가 도읍지를 다시 옮김으로 물러갔으며, 1356년에는 공민왕이 고려제도를 고려식으로 고치고 최영으로 하여금 몽고를 치게 해 영토를 확장하게 된다. 1388년에는 최영이 고구려 옛 땅을 찾기 위해 이성계로 하여금 요동 정벌을 강행하였으나 이성계가 정벌을 포기하고 위화도 회군을 하여 다시 돌아와 1392년 이성계가 왕위에 올라 나라 이름을 조선으로 해 고려는 474년 만에 멸망하게 된다.

조선 시대를 살펴보면 500여년이 넘는 기간으로 역사적인 사료가 많아 그 내용 역시 많다.

제1대 왕이자 시조인 태조(1392~1398)는 한양의 4대문과 4소문을 건설하였으며, 왕성의 규모를 갖추고 국가의 새로운 기반과 면모를 다졌으며, 조선 법제를을 기초하였고, 서울에는 성균관, 지방에는 향교를 세웠다. 제2대 왕인 정종(1398~1400)은 왜구 토벌에 많은 전공을 세웠으며, 서울 오부에 학교를 설립하고 저폐를 발행하였으며, 노비변정도감을 설치하였다. 제3대 왕인 태종(1400~1418)은 불교를 배척하고 유교를 숭배하는 정책을 실시하였으며, 관제 개혁과 경제유통을 원활히 하였고, 신문고 설치와 호패법을 제정 했으며, 김제의 벽골제를 건축하였다. 제4대 왕인 세종(1418~1450)은 훈민정음 창제와 집현전 설치 및 활자 개량과 세금제도 정비와 경제육표를 반포했다. 그리고 혼천의와 앙부일구 발명 및 달력과 악보제작과 음악 정리를 하였으며, 두만강변에 6진을, 압록강 상류에 4군을 두었으며, 일본에 회유정책을 썼다. 제5대 왕인 문종(1450~1452)은 동국병감과 고려사와 고려사절요를 편찬하였으며, 이 때 이징옥의 난이 일어나기도 했다. 제6대 왕인 단종(1452~1455)은 온성과 함흥 두 고을에 성을 쌓았으며 나난·무산의 두 성보를 설치하였다.

제7대 왕인 세조(1455~1468)때에는 경제육전의 정비와 법전을 편찬하였으며, 대원각사 창립과 간경도감을 만들어 불전을 간행했다. 훈구파가 나왔으며 이시애의 난이 일어났다.

제8대 왕인 예종(1468~1469)은 직전수조법 제정과 관제를 개혁했으며, 경국대전의 완성과 남이의 옥사 처리를 하였다. 제9대 왕인 성종(1469~1494)은 홍문관과 독서당을 설립, 동국여지승람과 동문선을 편찬 하였으며, 경국대전을 반포하였다.

제10대 왕인 연산군(1494ㅍ1506)때에는 무오사화, 조의제문, 갑자사화, 중종반정 등의 사건이 많이 일어났다. 제11대 왕인 중종(1506~1544)은 현량과를 두어 조광조 등의 신진사류를 등용하였으며, 기묘사화로 조광조를 사사하였다. 주자도감을 설치하여 인쇄술을 발달시켰으며 도량형 통일과 무역을 시작하였다. 이 때 삼포왜란이 일어났다. 제12대 왕인 인종(1544~1545)은 현량과를 복구했다. 제13대 왕인 명종(1545~1567)은 비변사를 설치하였으며, 임꺽정의 난과 을묘왜변이 일어났다. 제14대 왕인 선조 1567~1608)는 이왕과 이이 등 많은 인재를 등용했으며, 삼강행실을 간행하여 유교장려를 장려하였다. 이 시기에 임진왜란과 정유재란 및 정여립의 난 등 국난이 많이 일어났다. 제15대 왕인 광해군(1608~1623)은 성지와 병기를 수리하였으며, 호패를 실시했다. 선혜청을 두고 대동법을 실시했으며 경희궁을 중건하였다. 이시기에 모문룡 사건과 인조반정이 일어났다.

제16대 왕인 인조(1623~1649)는 수어청과 총융청 설치, 상평통보 제작, 청과의 민간무역 공인하였으며, 서양의 역법을 수입했다. 이시기에 이괄의 난, 정묘호란, 병자호란이 일어났으며 특히, 병자호란으로 삼전도에서 청나라에게 항복하였다.

제17대 왕인 효종(1649~1659)은 충청도와 전라도 지방에 대동법 실시, 인조신록과 국조보감 및 내훈을 편찬했으며, 북벌 정책을 실시했다. 제18대 왕인 현종(1659~1674)은 훈련별대의 창설, 호남지역에 대동법 실시, 동철 활자 10만여 자를 주조, 동성통혼을

금했으며, 혼천의를 만들어 천문관측과 역법 연구에 이바지하였다.

제19대 왕인 숙종(1674~1720)은 상평통보 제작, 대흥산성 완성, 황룡산성 수축, 북한산성 수축, 백두산정계비 세웠으며, 대동법을 전국에 실시와 환국 정치로 왕권을 강화하였다.

제20대 왕인 경종(1720~1724)은 독도가 우리의 영토임을 밝히는 약천집을 간행했으며, 서양의 수총기를 모방하여 이를 제작하였다.

제21대 왕인 영조(1724~1776)는 균역법과 탕평책 실시와 수어청에서 조총을 만들고 보진의 토성을 구축하였으며, 모진 형벌을 폐지하였고 신문고를 재설치하였으며, 이인좌의 난이 일어났다. 제22대 왕인 정조(1776~1800)는 선왕의 뜻을 이어 탕평책 실시, 규장각 설치, 대전통편, 오륜행실, 홍재문서도 출간했으며, 수원에 성을 쌓아 소성으로 승격시켰다. 이시기에 조선 최초의 천주교 순교자 김범우가 나왔다. 제23대 왕인 순조(1800~1834)는 신유박해, 황사영 백서사건, 홍경래의 난이 일어났으며, 천주교에 대한 박해를 계속하여 15년에는 경상도·충청도·강원도의 교인들을 잡아 죽이고, 27년에는 전라도의 교인들을 검거하여 탄압하였다. 제24대 왕인 헌종(1834~1849)은 한국 최초의 신부 김대건을 처형하였다.

제25대 왕인 철종(1849~1863)은 기근 및 가뭄·화재·수해지역 등을 대상으로 빈민구제책에 적극성을 띠었다. 이시기에 진주민란이 일어났다. 제26대 왕인 고종(1863~1907)은 신사유람단을 일본에 파견, 군제를 개혁, 군사훈련을 실시하였으며, 국호를 대한으로, 왕을 황제로 고치고 한일 의정서에 조인하였으며, 1905년에 제2한일조약으로 외교권 박탈과 대한제국의 수립을 선포하였다. 이때의 사건으로 병인양요, 오페르트 도굴사건, 신미양요, 운요호 사건, 강화도 조약, 수신사, 영선사 파견, 만인소 사건, 임오군란, 우정국 사건, 갑신정변, 거문도 사건, 교조 신원운동, 동학운동, 청일 전쟁, 을미사변, 아관파천, 만민공동회, 국채 보상운동, 헤이그 특사사건 등이 있었다. 제27대 왕인 순종(1907~1910)은 한일신협약을 체결했으며, 1910년 한일 합방으로 나라가 망하게 된다.

이로서 조선은 27대 순종을 끝으로 조선은 1392년 즉위한 태조 이성계에서 1910년 마지막 임금인 순종에 이르기까지 27명의 왕이 승계하면서 519년간 지속되었다.

대통령제인 대한민국을 살펴보면 제1대에서 3대까지의 이승만(1948~1960)은 자유민주주의와 시장경제 체제를 도입했으나 장기적인 집권을 했으며, 한국전쟁을 통한 한·미동맹을 구축하였다. 4대 윤보선(1960~1962)은 4.19 민주혁명 이후 상황 관리에 주력하였다. 제5~9대 박정희(1963~1979)는 산업화 및 한강의 기적과 새마을 운동을 실시함과 동시에 자주국방의 기초를 구축하였으나 민주화를 억압하고 유신 독재를 감행하였다. 김재규 부장에 의해 피격되어 1979년 서거하였다. 10대 최규하는(1979~1980) 10.26 이후 전환기 상황 관리에 주력했다. 제11~12대 전두환(1980~1988)은 물가와 경제 사회를 안정시키고 서울올림픽을 준비하였으나 광주 민주화 운동을 탄압했고 신군부 독재를 감행했다. 제13대 노태우(1988~1993)는 북방 외교와 남북기본합의서 체결을 했으나 민주화 전환기의 정치 혼란으로 사회 불안을 야기하였다. 제14대 김영삼(1993~1998)은 정치군인을 청산했으며, 금융실명제, 토지공개념을 도입했으나, 경제운용 실패로 외환위기를 초래했다. 제15대 김대중(1998~2003)은 수평적 정권 교체와 외환

위기를 극복했으며, 불법 대북 송금문제 등으로 한·미 동맹이 냉각 되었으며, 남북한 긴장 완화의 노력을 인정받아 노벨상 수상했다. 제16대 노무현(2003~2008)은 정치권의 탈권위화를 이뤄냈고 국민의 힘을 바탕으로 정권창출을 이뤄냈지만, 말뿐인 서민보호 정책으로 경제양극화 심화, 진보와 보수,남과 여,부자와 서민,기득권과 비기득권층으로 국론 분열 등의 평가가 나왔다. 경제주권을 회복하지 못하고 반시장적·반기업적 정책을 폈으며, 적합하지 못한 인사가 많았고, 포퓰리즘적 선동정책을 쓰기도 하였다. 17대 이명박(2008~현) 취임 초기 쇠고기 파동과 인선문제로 많은 어려움 겪었고, 지금은 어두운 경제를 살리기 위한 노력을 하고 있다.

이상과 같이 우리나라의 역사를 세운 왕과 대통령들을 살펴보았다. 이들은 모두 경호를 받은 국가적으로 중요한 사람들이었고, 시대의 흐름에서 왕권의 강약과 각종 사건·사고 때 더더욱 시위와 호위 및 경호에 관한 관심이 고조되었다고 사료된다. 이러한 부분들이 한국 경호사를 이해하는데 많은 도움이 될 것이라 생각한다.

- 3 -

본서는 우리나라 역대 왕조별로 기술하였으며, 선사시대와 고조선 그리고 삼국시대로부터 조선에 이르기까지 왕실 호위 조직의 변천을 중심 내용으로 하고 있다.

여기에서 고려시대와 조선시대는 사료의 풍부함으로 인해 조직의 규모와 편제 및 기능에 대한 구체적 내용을 확인할 수 있지만, 삼국시대와 그 이전 국왕 지근거리 내에서의 친위군사의 규모와 기능 및 경호 사례에 관한 사료에 대한 언급이 극히 미비하다는 것이 안

타까울 뿐이다.

중국의 경우 주나라의 건국과 춘추·전국시대를 거치면서 주왕실과 각 제후국들의 제도와 군사 등에 대한 사료가 풍부하며, 사마천의 『사기』와 같이 고대 중국의 시조로부터 한무제에 이르는 중국 고대사에 대한 역사적 증거가 풍부함을 생각해 본다면, 비록 역사적인 깊은 이해를 요하기보다는 조직의 변천사만이라도 고조선과 고구려, 백제 및 신라의 구체적 사료의 존재에 대한 아쉬움을 피력하지 않을 수 없다.

그나마 백제의 '위사좌평'이라는 관직명과 신라의 '시위부' 또는 '사자대'에 대한 사료상의 언급은 고대 우리나라의 경호 조직의 존재를 밝히고 제도화되었다는 사실을 입증한 것으로 현재의 경호학이라는 학문적 기반에 있어 아주 귀중한 자료라 할 수 있다.

본서뿐만 아니라 경호에 대한 역사적 연구를 위한 서적과 논문이 일부 있으며, 여기에서도 그러한 사항을 서술하고 있다.[5)]

그러나 고구려에 있어 '대모달'과 '말객'이라는 관직명과 그 휘하의 중앙군사가 존재한다는 것만으로는 경호 작용에 대한 구체적 사실에 대한 입증이라 하기에는 부족하다고 보며, 그러한 병력의 편제와 각 기능이 국왕을 중심으로 한 호위와 호종 및 경비라는 구체적 작용과 맞물려 서술되어야 함에도 불구하고, 당시 군사 자료에 의존하여 그러한 작용을 했었을 것이라는 추정만으로 경호사의 한 부분으로 서술하고 있다는 점에서 아직 저자 또한 많이 부족하다고

---

5) 이에 대한 저서로는 김창호(2006)의 「한국경호발달사(백산출판사)」가 있으며, 논문으로는 김두현(1995)의 「우리나라 경호제도의 사적 고찰을 통한 현행 경호행정조직의 발전방안 모색(한국체육대학교 논문집)」과 김창호(2001)의 「신라시대 경호제도에 관한 사적 고찰(경호경비연구)」 그리고 이문기(1998) 「사비시대 백제의 군사조직과 그 운용(백제연구)」 등이 있다.

생각한다. 하지만 이러한 경호사적 연구에 있어 아직 미비한 점을 보충하고 많은 사료를 참고함으로써 고구려의 국왕 친위조직에 관한 구체적 사실과 실제 사례를 제시한다면 그만한 학문적 가치는 없다고 본다.

삼국시대에 대한 대표적인 사료는 '삼국사기'와 '삼국유사'이다. 그러나 중국의 사서(史書)에도 고대 삼국에 대해 언급된 부분이 많이 있으며, 중국과 우리나라의 사료에 있어서 양적으로 부족하다고는 볼 수 없다. 그러나 이러한 사서에는 구체적인 군사적 기능을 중심으로 한 것이 아닌 사회·문화·정치사적 내용을 중심으로 한 것이라 국왕에 대한 경호 활동이 어떻게 구체적으로 이루어졌는지는 추정으로 밖에 설명할 수 없는 현실을 무시할 수는 없기에 삼국시대의 경호 조직과 활동에 대해서는 피상적으로 서술할 수밖에 없었다.

삼국시대도 이러한 사료 부족으로 구체적으로 적시함에 있어 부족한 점이 많다면 삼국 이전의 고조선과 부여, 동예, 옥저 등 동이족을 중심으로 한 우리나라 고대사에 있어서 경호사 연구를 한다는 것은 거의 불가능 하다고 볼 수 있다. 이러한 고심 때문에 경호사 연구에 있어서 사실에 입각한 구체적 작용 측면에서의 경호 조직의 변천과 기능을 설명한다는 점에 중점을 둔다면, 삼국시대 이전에 대한 연구는 구체적 사료가 나오지 않는 한 배제시켜야 하지 않을까라는 회의적인 생각도 든다.

하지만 역사라는 것은 사실에 대한 서술을 중심으로 하지만, 역사적 의미라는 것도 무시할 수는 없으며, 하나의 흐름으로 이해하여 구체적 사실에 대한 적시는 불가능하더라도 나름대로의 현대적 해석에 대한 여지는 남겨두어야 한다고 생각한다.

이에 따라 삼국시대와 그 이전에 대한 경호사 연구 또한 그 구체적인 작용적 측면만을 강조할 것이 아니라 그 시대에도 경호라는 작용이 있었고 그러한 경호가 중요한 것이었다는 단서를 찾음으로써 경호의 역사적 가치를 확인한다는 점에 있어서는 단 일말의 실마리라도 찾아내어 그것이 추정이라 하더라도 그러한 추정을 뒷받침할 만한 사료에 근거하여 제시한다면 경호사의 한 부분으로 편입될 수 있다고 보아야 할 것이다.

단순하게만 보더라도 고대국가의 특징은 정복전쟁이며, 그러한 정복전쟁은 곧 왕의 일차적 책임이었다. 따라서 전쟁에 져서 복속되었다 함은 그 우두머리 즉 왕이 죽었거나 항복을 한 것이라 할 수 있다. 따라서 전쟁의 양상은 그 우두머리를 제거하는 것이며, 전투를 통하여서든 암살을 통하여서든 그러한 사투가 없었다고는 볼 수 없다고 생각한다. 그러한 인류사에 있어서 공통적인 흐름을 통해 경호라는 것도 당연히 반대적 측면으로 왕 또는 우두머리를 제거하려는 작용에 대한 반작용으로 명칭이 어떠하던지 간에 존재하였다는 것을 추정할 수 있다.

위만조선(번한조선)의 우거왕이 한나라의 침공을 받고 항거하다가 우거왕이 암살되었다는 것은 사료를 통해 확인할 수 있으며, 그러한 암살이 존재하였다는 것은 그에 대한 반작용으로 암살을 미연에 방지하고, 암살 시도 시에 즉각적인 제거를 위한 군사 또는 특수조직이 존재하고 있었다고 볼 수 있다. 이러한 유사한 사건은 백제가 웅진으로 천도한 후 '백가'가 동성왕을 암살하였다는 것으로 확인할 수 있는데, 이 당시 '백가'는 왕의 경호를 담당하였던 위사좌평이었고, 웅진 또한 백가의 세력 하에 있었던 지역이었으므로, 동성왕이 암살을 당할 수밖에 없었으며, 그러한 암살 성공의 이면에는 경호 담당자 자신이 암살의 주도 세력이었다는 것이다. 이것은 국왕의 친위군을 관장하는 직책이 그만큼 정치적으로 영향력을 끼칠 수 있다는 것을 보여주며, 신라 신문왕 대에 이르러 시위부를 강화하고 그것을 국왕 직속으로 한 것은 바로 이러한 경호조직의 친(親)정치화와 국왕 보호 조직이 오히려 왕권을 약화시킬 수 있다는 것을 여실히 보여준 사례라 할 수 있다. 이러한 것과 유사한 사건이 바로 고려 무신집권이며, 국왕 친위 조직이며 금군의 핵심부대인 견룡군이 주도하여 무신 정권을 창출한 것으로도 그것을 여실히 보여준다. 마찬가지로 위만조선 말기 우거왕이 암살 된 것은 당시 도성 내의 왕의 신하들이 주도한 것이었으며, 한나라의 공격으로 피폐했다 하지만 정치적으로 한나라에 복속을 결정한 신하와 무장들의 계획 하에 이루어진 것으로 보아 당시 그에 반작용으로서의 친위 군사 조직이 없었다고는 확언할 수 없을 것이다.

고대 경호사 연구의 출발은 추정으로 시작한다. 추정은 반증이 있으면 깨뜨려지지만 반대로 그러한 추정을 뒷받침하는 사실에 대한 연구는 지속되어야 한다.

따라서 당시 우리나라의 고대국가와 동시대에 있던 중국 각 나라 왕조에 대한 사료 조사가 이루어져야 하며, 그것은 당시 고조선이나 고대 삼국과 중국의 관계에 있어서 군사제도에 대한 교류가 있었다는 가정 하에 당연히 중국 사서에 나오는 국왕 친위 기능에 대한 기술은 분명 우리나라 고대사에 있어서도 그에 대한 모방이든 아니든 분명히 유사한 제도가 있었다는 것을 어느 정도 시사한다고 보아야 하지 않을까.

『사기』 자객열전 '형가' 편에 보면 형가가 진왕을 암살하는 과정을 그대로 보여준다. 이 형가의 암살 미수 사건으로 진왕은 자신의 경호를 더욱 강화시켰으며, 이러한 경호 강화책은 정사(正史)에서뿐만 아니라 영화나 소설에서도 묘사되고 있다. 즉 중국의 전국시대는 곧 우리나라에 있어서는 고조선이었으며, 고조선과 가장 가까운 제후국은 바로 연나라로서 당시 제후국들은 기본적인 제도나 군사는 서로 교류하여 유사한 점이 많았다고 볼 수 있으며, 이러한 군사 제도적 측면에서의 고조선 유입 또는 교류가 없었다고는 볼 수 없을 것이다.

그리고 고조선의 한 지류인 번한조선은 한나라에서 유입된 위만에게 왕위를 찬탈당하여 위만조선으로 그 왕조가 바뀌었으며, 이를 통해 볼 때 고조선 내에 한나라의 제도가 정착되었을 것이라는 추정을 할 수 있다. 이에 따라 고조선과 그 후 맥을 잇는 북부여와 동부여 그리고 고구려 및 발해의 군사제도와 국왕 친위조직에 대한 단서를 찾기 위해서는 전국시대 및 한나라 그리고 수·당의 군사제도와 경호조직을 사료 상에서 확인하여야 할 것이다.

비록 중국의 제도가 우리나라에 영향을 끼쳤다는 것은 자칫 사대모화사상에 입각한 것으로 보이나 이것은 역사연구의 방법으로 비교사적 연구의 하나로 인식하여야 하며, 고대사에 대한 우리나라의 사료 부족에 대한 보충적 제시와 그에 따른 경호사적 의의에 대한 단서를 제공하기 위함일 뿐 중국과 우리나라의 관계에 대한 고대사 연구에 깊이 관여할 바는 아니라고 본다.

각 시대별, 왕조별 비교 해석을 통하여 사료 상 부족한 부분을 보충 할 수 있다고 보며, 예를 들어 백제에 있어서 국왕 친위 조직으로서의 위사좌평과 그 휘하 병력 규모에 대해서는 신라의 시위부가 비교 대상이 될 수 있다고 보며, 시위부에 대한 구체적인 실증을 통하여 백제의 친위 조직에 대한 보충적 해석이 가능할 것이라 생각한다.

비록 동시대의 국가이나 그 규모나 제도에 차이가 있을 수 있지만, 대동강 이남의 문화와 제도에 있어서는 중국 남조와 고구려 북방계의 제도 수용이 공통적으로 이루어졌으며, 백제는 고구려에서 분파되었고, 신라도 북부여 북방계가 이주해서 이루어진 국가이며, 더욱이 신라는 고구려의 광개토대왕의 5만 군사에 의한 잠정적 지배를 받은 역사적 사실이 있어 더욱 고구려의 영향 하에 있었다고 볼 수 있으므로, 백제와 신라의 제도적 유사점이 분명히 존재한다고 볼 수 있다. 또한 나제 동맹을 통한 대 고구려 정벌전과 같이 백제와 신라는 군사적 교류가 있었다는 점만 보더라도 그러한 내용을 짐작할 수 있을 것이다.

이와 같은 역사 해석 방법으로 본서에서 제시하지 못한 발해와 가야에 대한 경호사적 접근도 이루어져야 할 것이다. 발해는 고구려 유민이 지배층으로 이루어진 국가로서 건국 초기에는 중국의 당과 적대하였으나 이후 당의 문화를 수용하여 발달하였으며, 고구려 고유의 제도와 당의 제도가 후에 혼합되었을 가능성이 크다. 따라서 발해의 경호사 연구에 있어서는 고구려와 당의 군사제도에 관하여 먼저 연구가 이루어져야 할 것이며, 발해 패망의 직접적인 영향을 끼친 거란족 국가 '요(遼)'에 대한 사적 연구 또한 필요할 것이라 생각한다. 왜냐하면 요 지배 강토가 그 이전의 발해의 그것이며, 그에 대한 제도 또한 이어 받았을 가능성이 크다고 보기 때문이다. 또한 발해의 피지배 민족이었던 말갈은 여진족으로서 요를 멸망시키고 '금(金)'을 건국하게 되며, 이 국가는 멸망 후 조선 후기대에 후금으로 다시 부활하여 중국을 복속하면서 '청(淸)'제국으로 발전하게 된다. 따라서 거란과 여진의 군사제도 속에 이러한 발해의 발자취가 남아 있다고 추론해 본다면, 요사(遼史)와 금사(金史)에 대한 고찰이 어느 정도는 필요하다고 본다.

가야에 있어서도 신라와의 관계에서 고찰해 보아야 하며, 가야 또한 중국과 일본의 중계 무역과 철기 생산으로 발전한 나라인 만큼 독자적인 군사제도 뿐만 아니라 중국의 영향을 받았다고 볼 수 있으며, 이러한 군사제도는 가야를 복속시킨 신라에 영향을 끼쳤을 수도 있다고 본다. 왜냐하면, 삼국 통일의 기초를 다진 인물이 바로 김유신이며 가야의 왕족으로 김춘추를 왕으로 옹립하고 태대각간으로서 신라의 전군을 관장하는 막강한 지위에 올라 있었기 때문에 더욱 그러한 추론을 뒷받침한다고 볼 수 있다.

비교사적 연구 방법을 통한 삼국시대와 그 이전의 경호사에 대한 역사적 재현은 필수적이라 생각하며, 앞으로 이에 대한 관련 사료를 수집하고 해석하여 말 그대로 '경호사(警護史)'라는 학문을 그 기초부터 정립하여야 할 것이다.

- 4 -

경호의 원칙 중 3중 경호 또는 중첩경호의 원칙이 있다. 3중경호의 원칙이란 경호대상자를 중심으로 3선의 방어벽을 형성하고 마지막 1선의 안전구역을 설정하여, 범행기도자의 범행 기회를 사전에 차단시킴으로써, 목표물보전의 원칙상 위해자와 경호대상자를 분리하는 데 있어서 시간적 여유를 두기 위함이다.

이러한 3선 또는 중첩의 의미는 방어벽을 여러 개 두어 위해자로 하여금 경호대상자에게 접근하기 위해서는 단계적인 방어선을 통과하여야 하기 때문에 그만큼 경호대상자에 대한 범행의 성공 기회가 줄어들게 된다.

이러한 방어벽은 인적 구성요소로 이루어질 수도 있지만, 각 시대마다 국왕 호위를 위한 제1차적 방어선은 바로 '성(城)'을 증축하여 외부 위해세력에 대한 물리적 방어벽을 형성하는 것이다.

고려시대나 조선시대를 통해 중앙군은 이러한 왕이 기거하는 도성을 수비하는 역할이 그 주요 임무이며, 이러한 중앙군 편제 내에 국왕 친위 군사조직이 존재했으며, 그 부대는 전방 전투 부대라기보다는 국왕 보호만을 전담한 조직이라 할 수 있다.

이러한 중앙군의 편제와 각 기능에 대한 구체적 사료를 조사하여, 현대 대통령 경호와 같이 각 방어선을 담당하는 조직과 그 조직의 구체적 기능, 그리고 전담 구역 내에서의 역할 등을 사료에서 추출하여야 한다.

그러나 조선시대만 하더라도 갑사와 겸사복, 내금위, 별시위 등 친위 조직이 다수 존재하고 있었으며, 그러한 각 조직의 역할과 담당 구역, 그리고 왕 호종시의 위치와 역할 등에 대한 실증에 있어서는 아직 미비한 점이 많다고 할 수 있다.

고려시대에 있어서도 마찬가지로 2군 6위에 있어서 2군의 주요 임무와 2군 내의 견룡군과 같은 친위 군사 조직들의 각각의 임무와 전담 위치 및 기능에 대한 실증이 이루어져야 할 것이다. 이에 대한 노력의 하나로 고려시대 견룡군의 역할과 각 친위군의 임무에 대한 실증을 시도한 예를 보면 다음과 같다.[6)]

다음에는 경호부대 안에서 견룡군(牽龍軍)의 임무의 수행 상태를

6) 송상욱(2003) 「고려시대 견룡군에 관한 사적 고찰(용인대학교 체육과학연구논총)」 인용.

알아보고자 한다. 그것은 경호 임무의 역할 분담을 의미한다. 이와 관련하여 아래의 사료를 먼저 주목하여 보자.

L-① 기탁성행주인(奇卓姓幸州人) 미용의(美容儀) 선사어(善射御) 초보교위(初補校尉) 의종호치마격구(毅宗好馳馬擊毬) 탁위견룡(擢爲牽龍) 상재왕측(常在王側) (《高麗史》100. 기탁성전(奇卓誠傳)

② 백임지람포○인(白任至藍浦○人) 업농(業農) 초이효용(初以驍勇) 피선지경(被選至京) ○옥거(○屋居) 매신자급(賣薪自給) 의종선충내순검군(毅宗選充內巡檢軍) 호가출입(扈駕出入) 불리장측(不離仗側) 이노보대정(以勞補隊正) (<高麗史> 100, 자임지전(自任至傳))

③ 둔부병우궐정(屯府兵于闕庭) 이비불측(以備不測) 자시선취효용자(自是選取驍勇者) 호내순검(號內巡檢) 분위양번(分爲兩番) 상착자의(常着紫衣) 지궁검(持弓劍) 분립장외(分立仗外) 불피우설(不避雨雪) 야칙순경달서(夜則巡警達署) (《고려사(高麗史)》 82. 병지(兵志) 2 숙위(宿衛) 의종(毅宗) 21年 正月)

먼저 L-①은 견룡군(牽龍軍)의 경호 실태를 알려주는 것이다. 그리고 L-②와 ③은 내순검군(內巡檢軍)의 경우를 말해주는 것이다. 두 경우를 비교하여 본다면, 견룡군(牽龍軍)은 "상재왕측(常在王側)"이라고 해서 항상 왕의 곁에 있었다고 한다. 반면에 내순검군(內巡檢軍)은 "부난장측(不難仗側)"과 "분위장외(分位仗外)"라고 하여 의장(儀仗) 곁에서 떨어지지 않았다던가 의장(儀仗) 밖에서 나누어 섰다고 한다. 여기서 나타나는 견룡군(牽龍軍)과 내순검군(內巡檢軍)의 차이는 "왕의 곁"과 "의장(儀仗)의 곁"·"의장(儀仗)의 밖"에 있다고 하겠다. 다시 말하자면 왕을 중심으로 볼 때 그들의 경호 임무가 의장(儀仗)의 안(內)에서 이루어지는가 아니면 밖(外)에서 그러한가에 차이가 있었다. 따라서 견룡군(牽龍軍)이 왕의 가장 측근에서 신변경호를 맡았다면 내순검군(內巡檢軍)은 의장 행렬의 밖에서 전체적인 경호를 맡았다고 할 수 있다.

견룡군(牽龍軍)의 경호임무가 왕의 가장 측근에서 이루어졌다는 사실은 경호 책임자로서의 지위가 다른 호위부대보다도 우위에 있었음을 말해준다.

≪고려사(高麗史)≫ 72, 여복지(與服志) 의위(儀衛) 조(條)의 서경(西京)·남경(南京)을 순행하고 돌아올 때 맞이하는 호위와 의장의 규정을 보면, 왕이 타고있던 어연(御輦)을 중심으로 가장 측근에는 견룡군(牽龍軍)이 호종하고 있었다. 그리고 그 다음에는 낭장(郎將) 4명, 상장군(上將軍) 2명, 대장군(大裝軍) 2명, 천우비신장군(千牛備薪將軍) 4명이 따르며, 어연 앞에는 양산(陽傘), 청곡병대산(淸曲柄大傘), 공작선(孔雀扇), 홍수선(紅繡扇) 순서로 가고, 이 앞에 도지(都知), 중금(中禁)이 있다. 그리고 의장 행렬의 후미에는 순검군(巡檢軍)이 따르고 있다. 이 ≪고려사(高麗史)≫ 여복지(與服志) 의위(儀衛) 조(條)의 기록은 평소 임금의 경호체계에 대한 전체적인 모습을 어느 정도 보여주는 것이라고 생각된다. 따라서 이것을 토대로 견룡군(牽龍軍)을 비롯한 금군(禁軍)의 호위실태를 그림으로 그려보면 <그림1>, <그림2>와 같다.

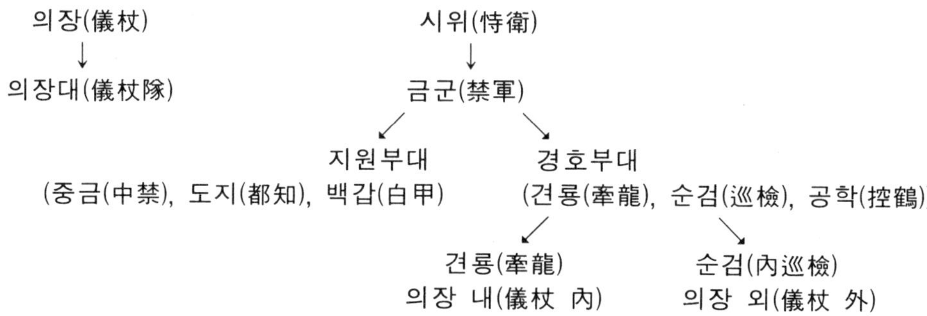

〈그림1〉 국왕(國王) 행차 시 시위군(侍衛軍)의 임무별 구분(區分)

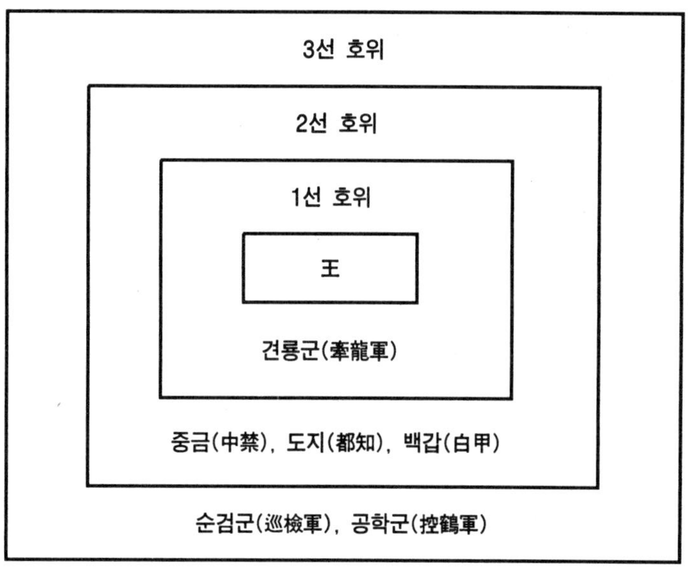

〈그림2〉 견룡군(牽龍軍)과 금군(禁軍)의 호위실태

견룡군(牽龍軍)은 국왕의 가장 측근에서 경호 임무를 맡았기 때문에 그것에 대한 책임을 추궁 당한 것이라고 하였다. 그것은 견룡군(牽龍軍)이 호위 책임자로서의 지위가 다른 호위부대보다도 우위에 있었음을 뜻하는 것이다. 따라서 왕의 행차시 1선에서의 경호 임무는 견룡군(牽龍軍)이 담당하였음을 알 수 있다.

이상의 내용은 사료 고찰을 통하여 구체적으로 견룡군과 다른 친위군과의 기능적 분담에 관하여 추정하여 제시한 것이다. 이것은 현대의 경호와 연관하여 고려시대 각 친위군과 현대의 대통령 경호와 대비하여 구성한 것으로서 정확히 이러한 모습으로 경호활동이 이루어졌다고는 할 수 없다. 그러나 일률적으로 각 방어선에서의 각 조직이 고착되어 일률적으로 이러한 작용을 하였다고는 볼 수 없지만 현대적 재해석을 통해 역사적으로 경호가 지금과 같이 일정한 원칙과 기능에 따라 제도화 되었다는 것을 확인하고, 그 당시 제도상에서의 경호적 특성과 지금의 대통령 경호와의 차이점을 도출하여 향후 공경호에 있어서 발전적인 대안을 제시함에 있어 참고할 수 있게 된다면, 그 연구 가치는 충분하다고 본다.

그러나 역사 연구에 있어서 사료라는 것은 사서(史書) 뿐만 아니라 그림과 같은 시각적으로 명확하게 제시해주는 것도 무시할 수 없으며, 이러한 자료들을 충분히 수렴하여 불확실한 추정적 제시보다 명확하게 경호 작용에 대한 근거를 제시해야 할 것이다.

위 논문의 내용은 사서 해석을 통하여 그림으로 현대 경호 원칙에 맞추어 제시한 것으로 경호사 연구에 있어 시사하는 바가 크지만 그 당시 경호 작용이 꼭 현대 경호 작용의 기능적 특성에 맞추어서 이루어졌다고는 생각지 않으며, 다만 경호사 연구에 있어서 방법론적 해법을 제시하였다는 점에 있어서는 의의가 있다고 생각한다.

마찬가지로 사료가 많이 부족한 고대 삼국시대와 그 이전의 경호 작용에 대한 사적(史的) 고찰에 있어서 문헌 해석을 통하여 추정적으로 위 내용과 같이 국왕 친위 조직의 기능적 분담에 대한 구체적 실증을 시도하는 것도 한 방법일 것이다.

또한 경호에 있어서 중첩적인 방어벽은 앞에서 말했다시피 인적 방어벽만으로 이루어진 것이 아니라 성에 의한 공간적, 물리적 방어가 이루어졌으며, 고대사에 있어서는 성터나 성곽의 구조 등을 참고하여 국왕 친위 조직의 활동 범위가 성읍을 중심으로 어떻게 이루어졌는지에 대한 추론을 시도할 수 있을 것이다.

고대 성곽 방어에 대한 사료와 성곽의 구조 등을 종합하여 친위 군사조직의 편제와 기능에 대한 실마리를 도출하여 기존의 경호사적 연구에 있어 미비한 점에 대한 보충적인 해석이 이루어져야 할 것이다.

- 5 -

경호는 그 주체에 따라 공경호와 민간경호로 분류된다. 현대에 있어서 대통령 경호 조직인 대통령실 산하 경호처가 바로 공경호의 대표적인 예이며, 그 외 경찰과 군도 그와 같은 역할을 담당한다. 그리고 민간경호란 사적 자치 영역에서의 경호서비스를 제공하는 법인을 의미 하며, 특정 고객에 대한 범죄 예방과 생명·신체·재산에 대한 경호 서비스에 대한 계약을 기반으로 한다.

공경호에 대한 역사적 고찰은 국가 중요 인물에 대한 호위적 개념으로서 국왕과 왕실을 보호하기 위한 제반 군사조직을 기초로 하기 때문에 사료에 따른 해석이 가능하나, 민간경호에 있어서는 사적 영역에서 이루어지고, 국왕이 아닌 특정인에 대한 사적인 조직에 의한 작용이기 때문에 그에 대한 문헌을 확인하기란 쉽지 않다고 본다.

그러나 현대에 있어서 대통령 경호의 중요성을 아무리 강조해도 지나치지 않지만, 민간경호 분야 역시 양적·질적 발전을 해오고 있으며, 국민 주권 시대로서 국민 개개인에 대한 보호 또한 국가의 중대한 사안이 아닐 수 없다.

이러한 민간경비에 대한 우리나라 역사적 고찰이 이루져야 한다고 보며, 정사가 아닌 야사 또는 개인 문집을 통해서라도 그 단서를 찾아야 한다고 생각한다.

소설은 허구이지만 그것은 사실을 기반으로 하며, 마찬가지로 민간경호에 대한 문집이나 야사를 참조함으로써 그에 대한 신뢰도를 회복한다면 민간경호에 대한 역사적 고찰이 가능하다고 본다.

민간경호의 가장 큰 특징은 특정인에 대한 사적 조직에 의한 경호 활동이다. 이러한 경호 활동에 대해서는 당연히 금전적이든 아니든 그에 대한 반대 급부가 존재하기 마련이다. 이러한 민간경호에 있어서 역사적으로 조명한 것 중 가장 대표적인 적이 도방과 가병이다. 도방은 무신집권기 당시 최씨 정권의 군사적 기반이며, 그 주 임무가 최씨 일가를 호위하고 호종하는 것이었다. 그러나 이 당시 최충헌 이하 그 일가는 한 국가의 집권자로서 국가중요 인물이아고 보아야 하나 최씨 일가 개인을 위해서만 존재하였다는 점에 중점을 두어 민간경호로 분류하게 된다. 따라서 국가 공조직은 왕조 국가에 있어서는 국왕 친위 조직만이 공경호로 보고, 그 외 인물에 대한 사적 친위 조직은 민간경호로 보아야 한다.

그리고 가병 조직은 사전 예방적 경호조직이라기 보다는 전투 부대로서의 성격이 강하지만 도방과 마찬가지로 위해 세력에 대한 즉각적인 조치를 취함에 있어서는 도방과 중첩적으로 활동하였으리라 생각되며, 그러한 의미에서 민간경호조직이라 볼 수 있다.

이러한 가병이라는 용어는 조선 건국 초 '가별초'라는 유사 용어와 연결되지 않을까라는 사견이 있는데 왜냐하면, 별초란 가려서 뽑은 자를 말하며, 집집마다 위용이 뛰어난 자를 가려서 뽑은 사병 집단이라는 점에서 보았을 때 이러한 사병적 성격을 가진 조직이 민간에 많이 분포하여 조선시대에 이르기까지 만연했을 것으로 짐작한다.

그러나 조선 건국 후 정도전의 사병혁파와 관련하여, 이에 세력 약화와 후계구도에 불만을 품은 이방원 일파에 의해 제1차 왕자의 난이 일어나며, 그에 따른 공신 대우에 또 불만을 품은 박포에 의해 제2차 왕자의 난이 일어나는데 이는 모두 개인 호족 휘하의 사병에 의해 이루어진 것이다. 이러한 사병의 위력에 따른 공신들과 외척들의 세력을 약화시키기 위하여 이방원 즉 태종은 즉위 후 정도전이 시도하였던 사병 혁파를 완성하고, 이 후 사적 군사행동은 반역도당에 의한 난을 통해서 확인될 뿐이다.

조선 태종 대에 이르러 이성계는 아들 이방원을 몰아내고 정계 복귀를 꾀하지만 사전에 물거품이 되었는데 이러한 군사적 기반이 바로 앞서 말한 '가별초'이다. 이러한 가별초의 존재는 민간경호의 역사적 뿌리가 과거에서 이어오고 있다는 것을 증명한다고 생각하며, 이러한 사적 경호 조직에 대한 연구가 더 진행되어야 할 것이다.

이러한 사적 친위 조직은 그 명칭이 어떠하든 사병이라는 용어로 문헌에 나오고 있으며, 조선 건국 초 북방의 '가별초'라는 특수한 형태로 나타날 수도 있지만, 사병이라는 용어로 일률적으로 사료상에 존재한다.

또한 개성상인과 같은 상단의 활동과 그것을 호위하는 호위무사들의 활동이 분명히 존재하였다고 보며, 중국에 있어서는 '표국(鏢局)'이 대표적이라 할 수 있다. 표국의 주요 업무는 운송물을 보관하거나 안전하게 운반하는 것으로 지금의 호송경비에 해당하며, 그 외에도 시설경비의 업무도 같이 한 것으로 보인다. 따라서 중국의 표국 활동은 지금의 민간경호업체와 유사하며, 전형적인 민간경호의 예라 할 수 있다. 이러한 업무에 따른 활동이 우리나라에도 분명히 존재하였으리라 추론할 수 있으며, 그에 대한 자료를 수집하여 확인하여야 할 것이다.

그와 함께 사병에 대한 문헌과 매체를 통한 영상물, 또는 옛 사료를 기반으로 한 개인 문집이나 서신, 풍속사 자료 등을 수집하고, 그에 대한 고증을 통하여 민간경호의 역사적 실체를 증명하고, 실증적 근거를 제시함으로써 우리나라 역사에 있어서 민간경호의 실상을 경호사의 한 부분으로 편입시켜야 할 것이다. 즉 공경호 중심이 아닌 공경호와 마찬가지로 민간경호사에 대한 연구도 함께 이루어져야 할 것이며, 그것이 자료상의 부족으로 그 신뢰도와 타당도에 흠결이 있다하더라도 향후 단계적인 복원과 논리적 해석을 통하여 보완하도록 하여야 할 것이다.

경호사 연구에 있어서 공경호와 민간경호의 배분적 할애와 더불어 그에 대한 사료의 수집과 해석, 그에 대한 신뢰도의 확보 등은 '과연 우리나라에 현재와 같은 경호 활동이 존재하지 않았을까' 하는 의문에서 시작되며, 경호사를 연구함에 있어 그러한 의문점에 대한 해답을 찾기 위한 부단한 노력이 선행되어야 할 것이다.

비록 민간경호에 대한 실증적 연구가 어렵다고 하나, 앞서 밝힌 바와 같이 중국의 표국과 같은 민간경호업체가 존재하고 그 활동 역시 현대적 경호업체와 유사하다는 것은 우리나라 민간경호 역사 연구에 시사하는 바가 크다고 할 수 있으며, 그에 대한 비교 검토 또는 유사 조직을 우리나라 문헌에서도 찾아서 밝혀야 할 것이다.

- 6 -

대한민국이 수립되기 전까지 경호 작용은 군사작용의 일환이었으며, 완전히 분리되지 못하였다. 대통령 경호에 대한 독립적인 수행은 대통령경호실이 창설되고 난 후라 해도 과언이 아니며, 비록 대통령경호실이라는 독립적 조직이 있었지만 인적 구성에 있어서 군을 배제시킬 수는 없을 것이다.

마찬가지로 과거 왕실의 보호와 국왕 호위를 담당한 조직은 왕조국가 특성상 군사 활동으로 이루어질 수밖에 없었으며, 경호사 연구의 일차적인 사료는 군제에 관한 역사 자료일 수밖에 없다.

따라서 각 시대별 군사조직과 제도 및 기능을 구체적으로 분류하여, 그 변천을 왕조별로 일목요연하게 확인 할 수 있도록 작업을 하여야 하며, 경호적 특성을 가지는 군사 조직을 따로 분류하여 그에 대한 별도의 변천 과정을 정리하여야 할 것이다.

이러한 군제사 연구를 기반으로 한 경호사의 정립은 필수적이라 할 수 있으며, 독립적인 경호 조직을 도출함으로써 학문적으로 경찰이나 군의 제도사와는 별개의 독자적인 영역을 확보하여야 할 것이다.

이를 위해서는 각 시대별 제도의 근간이 되는 법제관련 사료를 통한 행정 조직 분석과 경호업무를 관장하는 부서를 따로 분류하여, 각 기능별로 나누어 현대 경호 작용에 따른 기능별 대조를 함으로써 경호 조직에 대한 역사적 재구성을 시도하여야 할 것이다.

이와 관련하여 국왕 근시조직의 하나인 '내시부'에 대한 연구도 함께 이루어져야 하며, 예를 들어 연산군 대에 강화된 내시부의 한

단면을 비추어 보면 국왕의 모든 사무처리를 이 내시부에서 관장하였으며, 비록 폐단이 많았지만 내시부에 의한 경호활동에 대한 근거를 이를 통해 확인해 볼 수 있을 것이다. 그 보다 더 이전인 고려후기 성중애마 또한 홀치를 중심으로 한 무반 세력 뿐만 아니라 왕의 측근에서 그 사무를 관장하는 내시도 성중애마로 함께 통용 되었으므로, 내시에 대한 경호사적 재정립이 필요하다고 본다.

내시라 하여 비속한 집단으로 치부할 수 있으나, 고려후기 내시가 제도화 되었을 당시에는 거세하지 않은 고위관직의 하나로 여겨졌으며, 현재의 대통령실의 기능과 유사하다고 볼 수 있다. 또한 내시부 산하의 호위 무사도 존재한다는 것을 경국대전과 같은 법제고나련 사료를 통하여 그 조직구성에 대한 단서를 제시하여야 할 것이다.

현대적 개념의 경호는 경호대상자의 호위적 개념을 당연히 중시하지만 그와 더불어 경호대상자의 업무가 원활히 이루어질 수 있도록 하는 것이 궁극적 목적이며, 의전과 예절을 중시한 것과 맞물려 경호의 개념적 해석에 따른다면 이러한 내시의 기능에 대한 역사적 해석이 필요하다고 본다.

이러한 경호 관련 조직을 문헌에서 찾아 경호학적 재해석을 통하여 경호사에 편입시킴으로써 독자적인 경호사 연구의 한 영역을 이룰 수 있을 것이며, 관련 연구가 활성화 될 수 있도록 그 기반을 마련하여야 할 것이다.

이와 더불어 경찰제도사에 대한 고찰 또한 공경호의 하나로서 고려하여야 할 것이며, 현대 법집행의 그 궁극적 목적이 국가 체제와 질서를 유지하는 것으로서 과거 왕조시대의 국왕의 안위가 곧 국가 체제를 유지한다는 것을 염두에 둔다면 경찰의 활동 역시 공경호의 하나로서 역사적 고찰이 이루어져야 할 것이다. 이는 고대와 삼국시대에 대한 경호사적 흠결을 보충할 수 있을 것이라 생각되며, 어차피 갑오경장 이전의 경찰활동 또한 군사 활동의 일환이었기 때문에 경호사 연구에 있어서 경찰제도사에 관한 문헌 고찰은 필요한 작업이라 여겨진다.

그리고 경호사 연구 방법에 있어서 각 시대별 경호 관련 사건 사례를 통한 경호사적 재해석이 이루어져야 할 것이다. 예를 들어 조선조 태종대 궁에 호랑이가 침입한 사건에서 호랑이를 활로 사살한 호위 군관을 왕을 향해 활을 겨누었다는 이유로 오히려 처형하는 것과 관련하여 각 시대별로 경호 원칙에 있어서 논란이 되는 사건 사례를 통하여 역사적 해석이 이루어져야 할 것이다.

이러한 사례 중심의 역사 연구는 오히려 경호 작용에 대한 구체적인 예시를 들어줌으로써 그에 대한 신뢰도 또한 높아질 것이며, 그러한 사료에 대한 연구를 활발히 함으로써 경호사 연구의 학문적 기반을 더욱 강화할 수 있다고 본다.

이와 같이 경호사 연구의 한계와 어려움은 방법론상의 해결로 귀결되며, 자료의 부족과 한계만을 탓할 것이 아니라 다양한 방법을 통하여 경호 작용에 대한 역사적 추론과 해석 그리고 그에 대한 증명이라는 단계적 이해를 통하여 향후 이러한 방법론적 다양성을 추구하여 경호사 연구에 적극 활용하여야 할 것이며, 그에 대한 연구과제에 대한 인식을 각인하여 본서의 저자 또한 경호사 연구에 더욱 정진할 것을 다짐하고자 한다.

참고문헌

강성문(1993), 수도 서울 방위에 관한 연구, 육군사관학교논문집 45.

공배완(2005), 민간경호 · 경비 산업의 발전을 위한 전문교육 및 인증제도의 필요성 제고, 경호경비연구 제9호.

권영국(1994), 고려후기 군사제도 연구, 서울대학교 박사학위논문.

경규만(2004), 경대승의 집권과 그 성격, 충북대학교 석사학위논문.

김광기(1998), 조선시대 무예사를 통한 경호제도의 고찰, 건국대학교 박사학위논문.

김낙진(1994), 고려시대의 견룡군, 서강대학교 석사학위논문.

______(2002), 고려 금군 연구, 서강대학교 박사학위논문.

김당택(1983a), 무신집권시대의 군제, 육군본부 고려군제사.

______(1983b), 별무반의 설치와 군제의 변화, 육군본부 고려군제사.

______(1987), 최씨정권과 그 군사적 기반, 고려무인정권연구, 새문사.

김대중(2002), 최충헌정권의 군사적 기반 : 경군・도방・마별초를 중심으로, 국방부군사편찬연구소 군사 제47호.

김두현(1995), 우리나라 경호제도의 사적고찰을 통한 현행 경호행정조직의 발전방안 모색, 한국체육대학교 논문집(18).

______(2006), 경호학개론, 경호출판사.

김성언(2004), 민간경비의 성장과 함의 : 치안활동의 신자유주의적 재편과 계약적 통치의 등장, 서울대학교 박사학위논문.

김윤신(2001), 조선시대의 수문장제도를 통해 본 왕실경호체제연구, 한국체육대학교 석사학위논문

김재형(1999), 조선시대 왕실호위군의 사적 고찰, 용인대학교 석사학위논문.

김준혁(2007), 조선 정조대 장용영 연구, 중앙대학교 박사학위논문.

김지형(2005), 조선후기 국왕 행차에 대한 연구, 서울대학교 박사학위논문.

김창수(1966), 성중애마고, 동국사학 9・10합.

김창호(2001), 신라시대 경호제도에 관한 사적 고찰, 경호경비연구 제4호.

______(2006), 한국경호발달사, 백산출판사.

김춘남(2004), 우리 역사와 문화, 삼광출판사

______(2008), 경찰학개론, 박영사.

김홍(2003), 한국의 군제사, 학연문화사.

김황규(2003), 지방자치단체의 민간위탁 실태와 성공적 운영에 관한 연구, 창원대학교 석사학위논문.

민병하(1973), 최씨정권의 지배기구, 『한국사』 7, 탐구당

박현숙(1998), 백제 군사조직의 정비와 그 성격 : 사비시대를 중심으로, 고대사학회사총 47.

서울특별시편찬위원회(1977), 서울 육백년사 제1권.

송병문 · 민재기(2005), 고려시대 경호제도에 관한 사적 고찰, 경원전문대학 논문집(26).

송인주(1995), 고려시대의 견룡군, 대구사학 49집.

______(1997), 고려시대 금군 연구, 경북대학교 박사학위논문.

______(2004), 고려초기 시위군의 양상과 금군의 성립, 대구사학 76집.

양재열(1995), 경호의 기본적 이론에 관한 연구, 연세대학교 석사학위논문.

이관배(1988), 고려무신집권기의 사병집단-도방과 마별초를 중심으로-, 고려대학교 석사학위논문.

이경혜(2001), 고려 최씨무인정권기의 도방-최씨가 · 도방 · 가병의 상호관계를 중심으로-, 서강대학교 석사학위논문.

이기백(2007), 한국사신론, 일조각.

이문기(1986), 신라 시위부의 성립과 성격, 역사연구논집 9.

______(1998), 사비시대 백제의 군사조직과 그 운용, 충남대학교백제연구소 백제연구 28.

이민형 · 이강문 · 강경수(2007), 한국 치안구조변화에 따른 민간경호경비의 역할증진방안, 한국스포츠리서치 제18권 제2호.

이민형 · 이강문 · 송상욱(2007), 고려 무신집권기 경호조직에 관한 연구, 한국스포츠리서치 제18권 제5호.

이상철 · 송상욱(2001), 조선시대 왕실 호위조직에 관한 고찰

___________(2003), 고려시대 견룡군에 관한 사적 고찰, 용인대학교 체육과학연구논총.

___________(2004), 견룡군과 금군의 임무에 관한 사적 고찰, 한국스포츠리서치 제15권 제6호.

이병철(2000), 지방자치정부의 민간위탁을 통한 재원절감방안에 관한 정책연구, 울산대학교 사회과학논집 제10권 제1호.

이상철(2006), 경호현장운용론, 도서출판 원.

이윤근(1996), 민간경비론, 공안행정연구소.

이진우(1997), 경호활동의 이론 및 실제에 고나한 연구, 연세대학교 석사학위논문.

이충수(2004), 조선시대 시위제도 변천에 관한 연구, 동국대학교 박사학위논문.

장철원(2003), 한국 경호제도 변천사 연구, 우석대학교 박사학위논문.

전경숙(1997), 고려 최씨집권기의 도방, 숙명여자대학교 석사학위논문.

전태인(2005), 고려시대 무예활동을 통한 친위조직 연구, 한국체육대학교 박사학위논문.

전철기(1999), 여말선초의 사병, 한국정신문화연구원 석사학위논문.

정동활(2004), 각국 경호제도 비교분석과 21세기형 선진경호제도 연구, 연세대학교 석사학위논문.

정상화(1999), 지방자치단체의 민간경비 도입방안에 관한 연구, 동국대학교 석사학위논문.

정신문화연구원(1995), 경국대전역주본1, 정신문화연구원출판부.

정진환(2006), 경찰행정론, 대영문화사.

조형수(2005), 무신정권 전후의 경호조직 연구, 한국스포츠리서치 제16권 제6호.

차문섭(1996), 조선시대 군사관계 연구, 건국대학교 출판부.

최정택(2006), 치안서비스의 민간위탁 도입에 관한 연구 : 치안분업모델을 중심으로, 한국경호경비학회, 경호경비연구 제12호.

최효식(1991), 조선후기 중앙군제사연구, 성신여자대학교 박사학위논문.

한우근(1961), 여말선초 순군연구, 진단학보 22.

홍승기(1983), 고려초기 중앙군의 조직과 역할, 고려군제사.

홍원기(1998), 고려전기 군제 연구, 연세대학교 박사학위논문.

허홍(1998), 요인경호에 관한 연구: 4개국 경호제도와 위해사례를 중심으로, 성균관대학교 석사학위논문.

http://www.pss.go.kr(대통령실 경호처)

about the Authors

이민형

경희대학교 법학과 졸업
용인대학교 대학원 경호학 석사
용인대학교 대학원 경호학 박사 수료
경운대, 대구예술대, 용인대, 호서대 등 강의
현) 포항대학 경찰경호행정과 겸임교수

[주요 저서 및 논문]
경호경비관계법
시큐리티운용론
경호비서실무론
한국 민간경비 실태분석을 통한 제도적 개선방안
한국 치안구조변화에 따른 민간경호경비의 역할 증진 방안
고려 무신집권기 경호조직에 관한 연구 등

이강문

용인대학교 태권도학과 졸업
용인대학교 대학원 경호학 석사
용인대학교 대학원 체육학과 박사 수료
현) 대구예술대학교 경호무도외교학과 교수

[주요저서 및 논문]
경호체력육성법
한국 민간경호직 종사자 무도교육실태 및 발전방안
경호무도로서의 태권도 활용 방안 - 태권도 막기 기술을 중심으로
한국 치안구조변화에 따른 민간 경호경비의 역할증진 방안
고려무신집권기 경호조직에 관한 연구 등

송상욱

용인대학교 졸업

용인대학교 대학원 경호학 석사

용인대학교 대학원 경호학 박사

현) 포항대학 경찰경호행정과 교수

[주요 저서 및 논문]

스포츠상해예방 및 응급처치

시큐리티운용론

극기훈련의 이론과 실제

치안환경변화에 따른 민간경비와 지방자치단체의 상호협력방안

조선시대 왕실 호위조직에 관한 고찰

고려시대 견룡군에 관한 고찰 등

김진환

용인대학교 졸업

건국대학교 대학원 석사

한국체육대학교 대학원 이학박사

현) 용인대학교 경호학과 교수

[주요 저서 및 논문]

경호학연구방법론

경호비서실무론

스포츠비지니스 경영관리론

민간경호경비원 자기효능감 검사 척도개발

민간경호경비원들의 특성불안 수준에 관한 연구

민간경호경비원들의 의식구조와 가치관에 관한 연구 등